U0726865

新\时\代\中\华\传\统\文\化
■ 知识丛书 ■

中华风俗文化

主编 ◎ 李燕 罗日明

海豚出版社
DOLPHIN BOOKS
CICG 中国国际传播集团

图书在版编目（CIP）数据

中华风俗文化 / 李燕，罗日明主编 . -- 北京：海
豚出版社，2023.1
（新时代中华传统文化知识丛书）
ISBN 978-7-5110-6231-4

Ⅰ . ①中… Ⅱ . ①李… ②罗… Ⅲ . ①风俗习惯—中
国 – 通俗读物 Ⅳ . ① K892-49

中国版本图书馆 CIP 数据核字（2022）第 227988 号

新时代中华传统文化知识丛书

中华风俗文化

李　燕　罗日明　主编

出 版 人	王　磊	
责任编辑	张　镛	
封面设计	郑广明	
责任印制	于浩杰　蔡　丽	
法律顾问	中咨律师事务所　殷斌律师	
出　　版	海豚出版社	
地　　址	北京市西城区百万庄大街 24 号	
邮　　编	100037	
电　　话	010-68325006（销售）　010-68996147（总编室）	
印　　刷	艺通印刷（天津）有限公司	
经　　销	新华书店及网络书店	
开　　本	710mm×1000mm　　1/16	
印　　张	9	
字　　数	78 千字	
印　　数	5000	
版　　次	2023 年 1 月第 1 版　2023 年 1 月第 1 次印刷	
标准书号	ISBN 978-7-5110-6231-4	
定　　价	39.80 元	

序 言

在五千年的中华文化中，传统风俗文化是很具有中国特色的内容，涉及中国人衣食住行、生老病死的方方面面。

从古至今，中华传统文化在人们的日常生产生活中不断丰富、发展，从夏商周三代的礼仪规制，到明清时期的民俗文化，形成了丰富多彩的风俗文化样式。

中华传统风俗文化是几千年来，在中国人物质生活和精神生活中，形成并传承下来的一种相对稳定的习俗规范，是中华民族历史发展的一个重要片段。立足于今天的生产生活风俗，去了解并学习传统的风俗文化内容，有助于加深对中华民族物质文化和精神文化的认知。

"百里不同风，千里不同俗"，我国地大物博，人口众多，每一个地区、每一个民族都有自己独特的风俗文化。在几千年的历史发展中，有的风俗文化已经被历史的风沙所掩埋，有的风俗文化则在新时代被赋予了新的意义。

中华传统风俗文化的内容是多种多样的，生活风俗、生产风俗、信仰风俗、岁时风俗、节庆风俗、审美风俗、商业风俗……这些风俗文化内涵丰富、外延广泛，涉及中国人社会生产生活的方方面面，与当前的社会学、地理学、考古学、民族学、历史学和人类学等学科有着密切联系。

本书选取了中华传统风俗文化中生产生活、商业经营和婚丧嫁娶方面的内容，对中国人在衣食住行、婚丧嫁娶等方面的风俗进行了简单介绍，帮助读者了解我们的先辈是怎样工作、怎样生活的，对于读者了解中国的历史文化也有一定帮助。

旧风俗的消亡，新风俗的出现，是历史发展的必然。随着科学的发展、社会的进步，一些不再符合当前价值观的风俗会加速消亡，而那些符合新时代要求、符合中国人生活习惯的风俗则会继续传承下去。取其精华去其糟粕，应是我们对待传统风俗文化的基本态度。

目　录

第四章　中华传统商业风俗

第五章　中华传统婚丧风俗

第一章

中华风俗文化
探源

一、中华风俗文化的起源与传承

悠悠中华史，上下五千年，中华风俗文化与我们的生活最为相关，从衣食住行，到生产生活，处处都蕴含着中华风俗文化。从千年前的起源发展，到千年后的传承演变，中华风俗文化在潜移默化中影响着我们的生活。

在很久以前，原始人类便在中华大地上生存繁衍。他们采集果实、捕猎野兽、搭建巢穴……中华传统风俗文化便起源于原始人类的这些日常生活劳动。

原始社会的风俗文化更多表现为有规矩地从事生产生活劳动，比如在家庭中，身体强壮的男人负责外出捕猎、挖掘，女人则做一些采集、纺织之类的工作；在部落组织中，身体强壮、德高望重的首领负责管理部落事务，并享有最充分的物质资源。

到了先秦时代，传统风俗文化开始形成，人们对自身的风俗习惯也有了一定的自觉。《礼记》中有载："凡居民材，必因天地寒暖燥湿，广谷大川异制……中国、戎夷五方之民，皆有其性也，不可推移。"这是说因为我国各地气候差异较大，不同地区人们的生活习俗有所不同，在施行政令时，没必要改变他们原有的风俗习惯。

秦汉、魏晋时期的风俗文化承继于先秦，又有一些新的发展。政治经济的统一发展，民族文化的开放融合，使得不同时期不同地区的风俗文化更为多样化。秦汉时期服饰种类的丰富，以及不同场合的应用规范；魏晋时期南方多吃米食、水产，北方多吃面食、肉类，这些都是新出现的风俗文化。

隋唐时期的民族大融合进一步丰富了中华风俗文化，无论是服饰，还是饮食，都体现出多民族融合的特征。婚嫁时要遵循"父母之命，媒妁之言"，丧葬时要按等级讲规格，这些风俗文化多是从前代婚丧习俗中发展演化而来。

宋元时期的风俗文化要比前代更为独特一些，这一时期多个政权并立，在相互攻伐之中，也互相传播着各自的风俗文化。元代宋之后，蒙古族的风俗文化逐渐同汉族相融，房屋的结构形制、婚嫁的基本制度、丧葬的具体形式，这些风俗文化都有较为强烈的宋代特征。

到了明清时期，中华文化风俗基本成形，同时，许多新出现的社会风俗，也深刻影响了我们现在的日常生活习惯。

明朝以周汉、唐宋之制，重新制定了服饰制度，延续了传统的中华服饰风俗；清朝服饰在满、汉两种形制之外，还多了一种西洋服装，这使得中华服饰风俗在民族融合的基础上，又多了中西结合的特征。

明代饮食风俗也基本延续前朝，此时各地区的特色饮食风俗已经基本成形。到了清朝，地方菜成为地域风俗文化的一大亮点，八大菜系在清朝末年正式形成。

八大菜系之川菜

在衣食住行等物质生活之外，明清时期人们的精神生活也在前代的基础上有所发展，传统的祭祀习俗一脉相承，宗教信仰则与时俱进，这些都是封建时代的风俗遗留，有其精华之处，但也有需要摒弃的糟粕。

如果从原始时代开始计算，中华风俗文化的发展演化史似乎并不止五千年，但若从中国人对风俗文化产生自觉开始，那上下五千年的历史却是准确的。当我们的祖先从蒙昧的原始文化中走出来，着手去创造自己的传统文化时，传统的中华风俗文化便产生了。

当历史的车轮滚滚向前时，作为中华传统文化的重要组成部分，中华风俗文化在这上下五千年中不断丰富完善，最终传承到今天，融入我们的日常生活之中。

二、百里不同风，千里不同俗

我国地大物博，历史悠久，几千年来，不同地区形成了不同的风俗和习惯。外地人看来很奇怪的生活风俗，本地人却早已习以为常，这正是由我国各地风俗文化差异所造成的。

《晏子春秋·问上》中提道，"古者百里而异习，千里而殊俗"，这是说在古代相隔百里远的地方就会有不同的风俗习惯，相隔千里远的地方，人们的风俗习惯就更加不同了。

在我国广袤的大地上，因为气候、经济、文化等各方面因素的影响，我国不同地区在衣、食、住、行等方面，都形成了一些独特的生活方式和风俗习惯，这正是古话说的"百里不同风，千里不同俗"。

即使是气候、经济和文化差异不大的两个地区，也会因为一些其他方面的因素，产生不同的风俗。当一个地区的人去到另一个地区时，很可能会因为风俗习惯的差异而感觉到"水土不服"。

"窗户纸糊在外"，这是东北地区的独特民俗，被称为"东北三大怪"之一，如果了解当地的特殊气候条件，这种奇怪民俗也就不显得那么奇怪了。

百里不同风，千里不同俗

过去，东北地区的民居大多使用木棂格子窗，外面用纸糊住，以抵御寒冷。为什么要把窗纸糊在外面呢？

这是因为东北地区冬季非常寒冷，人们在室内多靠火炕取暖，这就导致屋里屋外的温差非常大，如果把窗纸糊在里面，窗子外面的冰霜接触到窗纸后便会因室内高温而融化，然后顺着窗纸流到窗框周边，进而导致窗纸脱落和窗框腐烂。为了防止这种情况的发生，东北人便将窗纸糊在窗框外面。

除了这一原因外，将窗纸糊在窗户外面，利用风推纸的大面积压强减小了风的压力，还可以防止风将窗纸吹坏。

在与东北地区相距几千公里的云南地区，也有一些独

特的风俗习惯，在世世代代人们的口耳相传中，逐渐出现了"云南十八怪""云南二十八怪""云南八十一怪"的说法。

你说奇怪不奇怪，云南就有十八怪。四个竹鼠一麻袋，蚕豆花生数着卖，袖珍小马多能耐，背着娃娃再恋爱，四季衣服同穿戴，常年能出好瓜菜，摘下草帽当锅盖，三个蚊子一盘菜，石头长在云天外，这边下雨那边晒，鸡蛋用草串着卖，火车没有汽车快，小和尚可谈恋爱，有话不说歌舞代，蚂蚱当作下酒菜，竹筒当作水烟袋，鲜花四季开不败，脚趾常年露在外。

关于"云南十八怪"的表述有各种不同的版本，上面便是一版描述"云南十八怪"的顺口溜。其中描述的许多独特风俗有的是夸张说法，有的是真实存在，有的则已经消失不见。到了现在，随着云南地区社会经济的发展，这些传统的"十八怪"也开始被新的"十八怪"所取代。

"四季衣服同穿戴"和"鲜花四季开不败"都是由云南地区独特的气候条件造成的。云南地区夏天不热，冬天不冷，昼夜温差很大，所以走在大街上可以看到人们穿着各种季节的服饰，有长有短，有薄有厚，正所谓"四季衣服同穿戴"。

云南的气候条件非常适合植物生长，这里的花都是漫山遍野地开放，不分春夏与秋冬。山茶花、杜鹃花、报春花、木兰花、百合花、兰花等各类名花应有尽有，一年四季常开不败，正所谓"鲜花四季开不败"。

不仅东北、云南地区有独特风俗，我国其他地区也有自己独特的风俗习惯，比如川湘地区的人无辣不欢，山西地区"无醋肉不香"，陕北人多住窑洞，黔东南则多吊脚楼……不同地域有不同地域的风俗习惯，这便是"百里不同风，千里不同俗"。

三、我们为何要了解中华风俗文化

了解中华风俗文化，是传承和发展中华传统文化的重要举措。我们只有了解前人的风俗文化是从何起源、如何发展的，才能更好地为旧风俗提供新养料，将中华风俗文化继续传扬下去。

中华风俗文化是中华传统文化的重要组成部分，了解中华风俗文化，就是在了解中华传统文化。清代思想家龚自珍在《定庵续集》中提道："欲知大道，必先为史。灭人之国，必先去其史。"这是说想要了解世间大道，就要研究其历史；想要让一个民族灭亡，就要让它的历史先消亡。

龚自珍所说的历史并非只是指在过去的哪年哪月发生了哪些事，而是包含了过去时间里存在的一切内容。名人故事是历史，节气知识是历史，风俗文化更是历史，我们只有了解了这些"历史"后，才能过好现在的生活。

风俗文化，也可以称为"民俗文化"，是民间大众风俗生活文化的统称，也用来指代一个国家、一个民族或一个地区的民众创造、传承的风俗生活习惯。

衣食住行之俗、节庆祭祀之俗、婚丧嫁娶之俗、生产生活之俗……这些风俗文化渗透于我们生活的方方面面，与我们每个人都息息相关，谁都不能"免俗"。

为什么元宵节要吃元宵、中秋节要吃月饼？为什么五月五要挂艾草、九月九要插茱萸？这些传统的风俗文化，到今天依然为我们所用，了解和学习这些风俗文化，就是在了解我们现在的生活。

我们要善于把弘扬优秀传统文化和发展现实文化有机统一起来，紧密结合起来，在继承中发展，在发展中继承。

要坚持古为今用、以古鉴今，坚持有鉴别的对待、有扬弃的继承，而不能搞厚古薄今、以古非今，努力实现传统文化的创造性转化、创新性发展，使之与现实文化相融相通，共同服务以文化人的时代任务。

这是 2014 年 9 月 24 日，习近平总书记在纪念孔子诞辰 2565 周年国际学术研讨会暨国际儒学联合会第五届会员大会开幕会上的讲话。这段讲话内容充分阐明了习总书记对于继承和发扬传统文化的态度与方法，对于传承和发扬中华传统文化具有重要指导意义。

一个民族的风俗文化习惯需要一代又一代人的传承，在这个过程中，每一代人都会在风俗文化中加入新时代的新特征。许多我们今天依然在沿用的风俗习惯，都已不是它们最初出现时的模样，正是一代又一代人的创新与传承，我们今天才能拥有如此多彩的风俗文化。

因此，光是了解这些中华风俗文化是远远不够的，我们还要"有鉴别地对待""有扬弃地继承"这些中华风俗文化。对于那些已经不适用于现代社会生活的风俗文化，要予以摒弃，或者使用创造性方法将其改造；对于那些仍然适用于现代社会生活的风俗文化，则要在日常生活中践行，并将其传承给后代。

在努力学习科学文化知识的同时，我们还要认真观察生活中的风俗文化，了解一下这些风俗文化来源于何时，到现在有了哪些新的变化，然后再将其讲给自己身边的同学、朋友，号召更多的人加入学习和传承风俗文化的队伍中来，这是当前我们每个人都能做好的事情。

第二章

中华传统
生活风俗

一、中华传统节日风俗

中华传统节日风俗是几千年来中华民族传统文化不断积淀的结果，是人类社会文化的重要组成部分。从中华传统节日风俗中，我们可以看到中国人的精神气质、价值取向以及审美情趣，更能感受到中华传统文化的源远流长与博大精深。

中国是世界上最早进入农耕文明的国家之一，千百年来，中国人"面朝黄土背朝天"地辛勤耕耘，创造出了丰富的物质及精神文化。在栽种作物的过程中，古代中国人依靠对天象及物候的观察，与自然和谐共生，创制了一套较为完备的历法体系。这一历法体系创造性地以"二十四节气"来指导农业生产，为节日的产生提供了充分条件。

一、传统节日的起源发展

节俗与节日是密不可分的，很难说谁先出现，谁后出现。我国原始人类在祭拜自然时，会选择特定的时节，比如《礼记·月令》中有载"天子春朝日，秋夕月"，这里的"秋夕月"就与现代人中秋赏月颇为相似。

除了祭拜自然，我国古人还会祭拜土地、祭拜祖先，这些活动也需要选择合适的日子，社日祭土、清明祭祖，都是很早便已存在的传统节日习俗。

在百年、千年的历史进程中，传统节日并不是一成不变的，节日中的风俗活动也不是一成不变的。时间的推移、经济的发展、民族的融合……这些因素共同发挥作用，造就了我们今天的传统节日风俗。

先秦时期，我国的历法体系逐步完善，历法中的一些特殊日期也越来越受到古人的重视，他们会在这些特殊日期中举行一些特别的活动，我国早期的传统节日和节日风俗就在这种情况下慢慢形成了。

秦汉时期，大一统时代的经济文化异常繁荣，一定程度上推动了节日及节俗的形成。这一时期，我国已经出现了除夕、元旦、元宵、上巳、寒食、七夕、重阳等传统节日，相应的节俗活动也都基本成形。很多当时的节俗活动，即使到今天也依然在传承着。

隋唐时期，经过了一段分裂时代后，华夏大地重归一统，民族融合让传统节日的内涵变得更为丰富，一些少数民族的节日风俗与汉民族传统节日风俗相融合，促进了中华传统节俗文化的发展。春节在这一时期成为中华各民族的传统节日，但每个民族在庆祝春节时的节俗活动却又多有不同，这又进一步丰富了中华传统节俗文化的内涵，让其变得更为多元、更为多彩。

宋代以后，中华传统节俗文化获得进一步发展，节俗活动中的封建迷信内容被舍弃，礼仪性、娱乐性的风俗活动多了起来。比如，春节放爆竹这一风俗，最早是用来驱鬼的，但到了宋朝，则变成了娱乐喜庆的象征，人们开始变着花样地放鞭炮，大大增加了春节的喜庆氛围。

到了今天，中华传统节俗文化依然在发展演进，每一个中国人都是中华传统节俗文化的传承者和发扬者，"继往"才能"开来"，我们只有充分了解中华传统节俗文化的内容，才能更好地传承和发扬这一文化，才能感受到其中所蕴含的精神能量。

二、传统节日的风俗活动

每一个中华传统节日背后，都有一些意义丰富的风俗文化活动，这些活动中既有中国人对节庆时节的庆祝，也蕴含着中国人对未来美好生活的期待与向往。

1. 春节风俗

春节是我国各民族的传统节日，是一年中最盛大的节日。几千年来，围绕着这一节日出现了许多传统风俗，旧时的放爆竹、挂桃符、贴年画，现在的放鞭炮、贴对联，这些传统风俗的形式虽然有些发生了改变，但其美好寓意却依然传承至今。

祭祖是一项非常重要且隆重的活动，清朝时，元旦要祭拜祖先遗像或牌位，有宗族祠堂的，后世子孙还要到祠堂中祭拜祖先。一般在正月初二这天，子孙后代还要去祖先的坟茔祭拜。

"拜年"也是春节时的一项重要习俗，俗称"走春""拜春"。新春佳节之际，亲戚朋友、街坊邻居们互相走动，互致问候，恭祝对方"发财""顺心""吉祥如意"。这种洋溢着喜庆氛围的互动，让春节这一节日变得更具温情、更有温度。

2. 元宵节风俗

每年的农历正月十五，是我国的"元宵节"，古时称其为"上元节"或"元夜"。这一节日延续了春节的喜庆氛围，其节俗活动也多以娱乐性活动为主。

赏灯是元宵节的重要节俗活动，这一天，全国各地都会张灯结彩，一些地区还会举办大型灯会。《开元天宝遗事》中有载，唐代长安在元宵节这天"作灯轮高二十丈，衣以锦绮，饰以金银，燃五万盏灯，簇之如花树"。宋代元宵灯节的热闹程度丝毫不逊色于唐代，除了炫目的灯火外，宋代元宵节还有"奇术异能，歌舞百戏"的表演。

3. 清明节风俗

阳春三月后，大地一片洁净清明的景象，这时人们便要开始迎接"清明节"的到来了。其实原来在清明节之前，还有一个"寒食节"，由于两个节日时间太过接近，所以慢慢地这个节日便被并入到清明节之中，一些传统习俗也与清明习俗融合在一起。

扫墓是清明节的重要习俗，直到今天依然存在。古人以扫墓祭祖，在扫墓时要除草、修坟，为逝者献祭冥币及祭品。现代扫墓讲究科学祭扫，出于保护环境的目的，焚烧纸钱的活动在慢慢减少，为逝者献祭祭品、清扫墓碑的活动则依然存在。

踏青是与扫墓同时进行的活动，我国古代北方地区重扫墓，南方地区则多在此时踏青出游。这一活动原本是上巳节时的活动，但因为清明扫墓也需要来到郊外，所以古人便将这一活动挪到了清明节，这一变化似乎也是想要用踏青的闲适放松，来冲淡祭奠亲人的悲伤氛围。

4. 端午节风俗

端午节是每年的农历五月初五，其是与春节和中秋节齐名的三大传统节日之一，又被称为"端阳""重五"。这一节日被普遍认为是纪念伟大诗人屈原的，其愤而投江的典故与端午吃粽子、赛龙舟的风俗十分贴合，但也有研究认为，这一节日是关于龙的节日，是我国古人举行图腾祭祀的日子。

赛龙舟是端午节的重要节俗活动，龙舟早在西周时期便已存在，但当时的龙舟是天子专属，到了春秋战国时期，才出现赛龙舟的活动。在赛龙舟开始前，人们会在龙舟船头点上线香，进行祭拜；赛龙舟开始后，数舟并发，船头人打锣，船尾人放炮，最后先抢到锦旗的一队便是胜利者。

5. 中秋节风俗

每年的农历八月十五是我国传统的中秋节，因为在这一天，远在外地的亲人都要赶回来与家人团聚在一起，所以又被称为"团圆节"。中秋节的月亮又圆又美，无法回家与亲人团聚的游子，会通过仰望圆月，来寄托自己对故乡和家人的思念之情。

赏月是中秋节的重要风俗活动，文人雅士对于这一活动颇为青睐，兴味浓时，他们还会写诗作文以表达自己的思想情感。李白的"床前明月光，疑是地上霜"，杜甫的"月是故乡明"，苏轼的"明月几时有，把酒问青天"……这些都是中秋赏月时创作出的名诗佳句。

中华传统的节日风俗还有很多，许多传统节日风俗已经与中国人的日常生活风俗融合在一起，成了中国人日常生活的一部分。在后续的章节中，我们还将对其他一些传统节日风俗进行介绍。

二、中华传统服饰风俗

中华传统服饰风俗是中华传统文化的精华，它比文学、音乐、舞蹈、美术等更容易被人理解和接受，特殊的款式、传统的面料、鲜明的色彩、独特的纹样、精致的手工……细节之处尽显美感。

时间上的差异会给人们的生活带来诸多不同，在服饰风俗方面，在中华文明的数千年历程中，不同时期的人们在衣着服饰的选择上有很大的不同，这既与当时的社会经济条件有关，又与不同地区的地域环境差异有关。

1. 男子服饰风俗

原始社会时期，我国古代先民以树叶、毛皮蔽体，有的人会将树叶编成裙子的模样，有的人则会把动物毛皮缝制在一起，他们会利用大自然的"馈赠"来御寒保暖，装饰自己。这一时期的"服装"是不分男女的，只要觉得合适就可以穿在身上。

夏商周时期的男子服饰差别不大，主要以男子的身份加以区别。奴隶着上下相连的圆领衣，中间以绳束腰；平民上身着衣，下身着裳，腰间系带；王室贵族也是上衣下裳，但腰间有绶带，衣裳上还有精美的纹饰，华丽程度可见一斑。

春秋时期男子多着深衣，这是一种上衣下裳相连，男女都可穿的服装样式。中原地区的深衣多比较宽大，穿着很舒服，"宽衣博带"说的就是这种服装式样；楚地的深衣要更瘦长一些，领沿也更宽，"续衽钩边"的曲裾，说的就是这种深衣。

北方游牧民族的男子多穿胡服，这种服装衣短、裤长，用带钩束腰，以短靴替鞋，非常适合行军作战。赵武灵王推行的"胡服骑射"就是让赵国百姓学射箭、穿胡服，这既增强了赵国的国力，也推动了胡服在中原地区的普及。

秦汉时期男子的服饰样式多了许多，深衣、袍、禅（dān）衣、襜（chān）褕（yú）、襦、裙都可以选择。一般来说，贵族男子多是宽袍大袖，着丝履，戴高冠，衣着打扮非常华丽；平民多穿交领宽边衣，戴巾帻；贫民多穿短而瘦的衫裤，戴夹毡帽，穿麻鞋，他们常将衣服卷起扎在腰间以方便劳作。

魏晋南北朝时期北方男子的服饰多受胡服影响，以短衣缚裤，贵族男子依然身着锦绣，但很多人开始对素色衣服产生兴趣。南方男子服饰依然以汉代服饰为主，上身多为宽大的禅衣或长袍，下身为长裙，着丝履，戴高冠。

隋唐时期男子服饰按照等级制度，对服色质料和装饰内容都有严格区别，根据着装环境的不同，帝王贵胄的服装又可分为朝服、公服和常服。朝服和公服形制较为固定，常服的样式却有很多，宽袖、窄袖、圆领、折领都可选择。普通百姓的服饰以身量短、衣袖窄为主要特征，服色以青、白、皂色为主，面料以麻、革居多。

中晚唐及五代时期，贵族男子重新穿回了宽大的衣裙衫裤，贫苦的百姓和差役则依然穿着短衣窄袖，这种情况一直延续到了宋代。

宋代的官僚、士大夫们多穿宽衣大袖、肥裤长裙，着丝履、皮靴，戴纱帽、高巾，"遍身罗绮者"说的正是这些人。考取功名的人更喜欢穿襕衫，这是一种用白细布制成的圆领、大袖长衣，腰间有襞积（褶皱），下有横襕。至于下层劳动人民，则仍以短衣缚裤、麻履皂巾为主要衣饰，相比于此前几代，宋代百姓的衣衫似乎变得越来越短、窄了。

元代男子的服饰在延续汉制之外，又具有一些蒙古民族的特色。蒙古人以白为洁，所以白、蓝、赭色的服饰在当时最为流行。元代男子主要着质孙服，搭配小口裤、络缝靴，这种服饰与深衣相似，衣袖紧窄，下裳较短，在腰间形成许多褶皱，和现在的百褶裙也很相似。

明清时期的男子服饰也有着明显的等级差别，官服上的"补子"用来表示品级，文官用鸟，武官用兽，各有九等；平常的圆领袍衫也可凭衣服长短和袖子大小来区分身份，长者、大者为尊。普通百姓的服装样式很多，可长、可短、可衫、可裙，但在用色方面，平民百姓只能用褐色。

清代武士服饰

到了近代，男子服饰呈现出新旧并举、中西杂陈的特征，有的人依然留恋长袍马褂，有的人已经穿上了中山装。相对来说，上层人士在服装的选择上要更为多样，下层人士则只有短衣阔裤可以选择。

2. 女子服饰风俗

春秋战国时期，不同地区女子的服饰风俗也多有不同。齐鲁地区女性喜好绾高髻、穿窄长袖、着长裙；西北地区女性服饰虽然不够华丽，但却厚实便用，能够很好地抵御西北寒冷的气候；楚地女性的服饰轻盈细巧，样式纷繁，多有轻丽之美。这些各不相同的女子服饰风俗，正是早期中华传统服饰风俗的光彩所在。

到了秦汉时期，男女服饰的差异开始逐渐显现，不同身份等级女子的着装，也开始出现较大差异。秦汉贵族女子多头梳高髻、身穿大袖宽衣、下着长裙、脚穿高头丝履；普通人家女子则是上衣下裙，做露髻式，髻上覆一布帛，是为"巾帼"。

这种"上衣下裙"的服饰风俗，上衣一般很窄小，下裙却可拖地，越是身份尊贵的女子，下裙的长度就越长，走路时还需要婢女在后面提着长裙，这与现在女子的长裙婚纱倒是有些相似。

魏晋南北朝时期，女子的服饰同样以复杂程度论高低，贵族妇女以假发髻上的步摇花数

古代女子服饰

量来区分尊卑，最尊贵的皇后的假发髻上步摇花的数量是十二，其他女子只能在其下。

南朝普通女子的常服是上身襦衫，下身长裙，襦衫可选择宽大些的，也可以选择窄小些的。北朝女子多穿窄小襦衫，头戴羃（mì）䍦（lí），这种羃䍦可以遮蔽面容和大部分身体，还可以用图案和饰物进行装饰。

隋唐五代女子的服装风格多样，隋到唐初时流行窄袖衫襦和长裙，唐初到盛唐时流行胡服和女着男装，到了晚唐、五代时期，女子们对胡服的兴致大减，反而喜欢上了传统的宽袍大袖和长裙丝履。

宋代女子的礼服大体沿袭唐制，但常服却多有变化。贵族女子着宽衣大袖、长裙，头梳高髻，衣饰华丽；平民女子则依然穿窄袖衫襦；女真族女子则穿小袖左衽长衫，系丝带；西夏女子则穿绣花翻领长袍。整体上，宋代女子服饰比前代更为瘦长，衣着配色也更为淡雅、文静。

在元代，汉族女子的服饰依然保持宋代风格，上衣以褙子、衫襦、云肩为主，下衣多褶裙，头梳顶心髻；蒙古族女子多戴姑姑冠，贵族女子多以貂鼠为衣，戴皮帽。

明代女子服饰沿袭宋制，有衫、袄、霞帔、褙子、比甲、裙子等。社会地位不同，服饰搭配也会有所不同，贵族女子多以华丽的珠宝和装饰点缀衣服，一般女子则多穿一些时兴的窄袖衫襦、褙子和长裙。在服饰配色上，贵族女子用真红、鸦青和黄色服色，而一般女子只能用紫绿、桃红和浅色服色。

清代女子服饰虽沿袭明代，但礼服上的结带已经被纽扣所取代，从清代开始，纽扣便成为衣服中的重要装饰。清代贵族女子的服饰与明代相似，主要有冠、袍、褂、裙等；一般女子多穿窄袖袄、衫、坎肩、马甲和裙；满族女子多穿连体长袍，旗袍便是当时最为流行的一种连体长袍，到了民国时期，旗袍也成为汉族女子的主要服饰之一。

每个朝代都有独特的服饰风俗，这些服饰风俗的形成有的是因为上层统治者的喜好，有的则是适应当时当地的社会生活环境，都反映了当时的社会发展状况与人们的物质文化追求。可以看出，我国传统服饰风俗是一脉相承的，正如我国的传统文化一样延续千年而不曾断绝。

三、中华传统饮食风俗

"民以食为天"，这句古话形象地表现了饮食对于人们生活的重要性。在漫长的历史长河中，我国不同历史时期、不同地区都形成了各不相同的饮食风俗，了解这些传统的饮食风俗，对于我们更好地认识今天的饮食文化具有很大帮助。

我们的国家地大物博，物产丰富，不同地区的日常饮食习俗也都各有特点。北方地区多种植麦黍，南方地区更多种水稻，所以北方很多地区以面食作为主食，而南方则多以米饭为主食。

早在新石器时代，我国远古先民就已经开始根据不同地区的气候、土壤差异，栽培不同的农作物，其中，黄河流域多以种植粟为主，而长江流域以南地区则以种植稻为主。这种传统一直延续了几千年，直到现在也依然没有改变。

一、饮食风俗的传承发展

先秦时期，夏、商、周三代在黄河流域开垦了大片农田，广泛种植各类农作物，以及蔬菜和水果，饲养的动物种类也新增了鸭、兔、鹅，香料作物和药用作物也逐渐多了起来。这一时期的人们食五谷，畜猪羊，掌握了一些食品卫生和食品贮藏方面的知识，总结了一些系统的烹饪理论。

秦汉、隋唐时期，北方人口开始向南方迁移，国土扩张带来了土地的大规模开发，这些因素使得长江流域和珠江流域的农业得到了迅速发展。北方的许多农产品被带到南方，丰富了南方的饮食种类，南北方人们的饮食风俗开始慢慢体现出差异。

用粮食做成的美食

两宋时期，我国的经济重心转移到南方，各地的农产品交流也更加频繁，北方的麦、黍、豆开始在南方种植，粮食产量不断增加，促进了饮食行业的发展。在两宋都城，遍布着各式各样的食店、商摊，各类食品多达数百种。

元明清时期，农业越发朝着精耕细作的方向发展，江南地区开始大面积种植双季稻，北方地区则开始种植水稻。玉米、甘薯、花生等外来作物也在明代得到广泛种植，与饮食相关的各个行业也得到了迅速发展。各民族食品交流更加频繁，丰富了人们的饮食品类，也促进了民族饮食文化的交流。我国现在的几大菜系也是在这一时期形成的。

总的来说，我国传统的饮食风俗并没有随着王朝的更迭而出现多大改变，但因地域环境差异所带来的农业生产发展却让不同地区的人们形成了不同的饮食风俗。在我国一些少数民族地区，当地人的饮食风俗除了跟地域环境有关系，还和他们的民族习惯与信仰有一定的关联。

二、少数民族饮食风俗

由于地理环境、气候条件、民族习惯与信仰的不同，我国各少数民族在饮食上的风俗也各有不同。

1. 蒙古族

蒙古族多生活在我国北方的大草原上，他们是马背上的民族，逐水草而居，以畜牧业为主业，吃肉喝奶是他们传统的饮食风俗。

蒙古族将奶食称为"白食"，认为这类食物是纯洁的，会给人带来吉祥与福气。蒙古族的奶制品种类丰富，既有鲜奶、酸奶、奶茶、奶酒等奶制饮料，也有奶酪、奶豆腐、奶皮、奶酥等奶类食品。奶茶和炒米是蒙古族人的家常美食，其中的奶茶可以说是草原牧民最不可缺少的食品。

蒙古族将肉食称为"红食"，意即红色的食物，牛羊肉是主要肉食，骆驼肉和马肉也会出现在他们的餐桌上。在吃羊肉时，蒙古族讲究清蒸后直接食用，一般不加太多作料；在喜庆的宴会或招待贵宾的场合，蒙古族还会摆上"全羊席"，让客人尝一尝烤全羊的美味。

2. 满族

满族兴起于白山黑水之间，在建立了庞大帝国后，逐渐摆脱了游猎生活，开始以农耕为主要生活手段。

蒙古族食物

饽饽是满族的重要主食，这是一种类似于馒头和糕点的食物，不同季节会有不同的做法：春季做豆面饽饽，夏季做苏叶饽饽，秋冬季做年糕饽饽，一年四季不重样。

白煮肉是满族人最爱吃的肉食，做法是将大块猪肉煮熟后，加入葱、姜、花椒等调味料煮烂，切片蘸料食用，口感肥而不腻，瘦而不柴。

酸菜是满族人饭桌上的主要蔬菜，北方的冬天异常寒冷，不利于新鲜蔬菜的保存，满族人便将大白菜腌渍成酸菜，以待长期食用。这种菜品炒、炖、熬、拌、烤都可食用，下入到火锅之中更是别有一番滋味。

3. 藏族

藏族主要生活在我国青藏高原地区，这里高寒干冷的气候条件，使得藏族人民的饮食和风俗与其他北方地区游牧民族有很大的区别。

藏族人的主食是将青稞炒熟磨粉制成的糌粑，这种食物制作简单、携带方便、很好保存，只要蘸一些奶茶、酥油、奶渣便可以直接食用。

酥油茶是藏族男女老幼都爱喝的饮料，几乎每家每户都备有打酥油茶的酥油茶桶，一些人还喜欢在酥油茶中加入芝麻、核桃仁一起饮用。

在肉食方面，藏族人以牛羊肉为主，和蒙古族相似，而且藏族人也喜欢将大块牛羊肉煮熟后直接食用。值得注意的是，青海地区的一些藏民只吃偶蹄动物，而不食鸡、鸭、鹅等五爪动物。

4. 苗族

苗族主要分布在我国西南、中南地区，他们将糯米视为丰收与吉祥的象征，喜食酸辣，好饮酒。

酸味菜品是苗族人的最爱，无论是蔬菜，还是禽鱼，苗族人都喜欢将其腌成酸味后再食用。

苗族拥有悠久的酿酒历史，在众多酿制酒中，咂酒是最为独特的一种。这种酒不仅香气浓郁，口感醇厚，而且还可以增进食欲，促进消化。

5. 壮族

壮族是我国人口最多的少数民族，壮族人多热情好客，常会以独特的糯食和鱼生来宴请宾客。

逢年过节时，壮族人都会制作花糯米饭，互相赠送，以表祝福。这种米饭浸泡在不同植物的汁液中，所以蒸熟后会有不同的颜色，吃起来也是各有滋味。

在宴请宾客时，壮族人会将鲜肥的鲤鱼生切成薄片，再拌入各种作料，供客人品用。食用时可以根据个人口味，将鱼片蘸醋或酱油食用。

我国少数民族独特的饮食风俗，丰富了中华民族的食俗文化，是新时代重要的精神文化遗存，需要得到有力的支持与传承。

三、传统节庆饮食风俗

自古及今，在日常饮食风俗之外，我国各族人民还创造了丰富多样的节庆饮食风俗，许多传统的节庆食俗即使在今天，也依然在延续和传承。

1.春节

春节是我国最为隆重的节日，同时也是习俗最多的节日，光在饮食上，就有包饺子、蒸年糕、喝春酒、吃"团圆饭"等代表性习俗。

春节包饺子的习俗多流行于北方地区，早在公元5世纪便出现了饺子，但在明代以前，这种食物还并不是春节食品，从明朝中期开始，饺子才逐渐成为北方地区的春节美食。

饺子之所以能够成为春节美食，一方面是因为其形如元宝，有"招财进宝"的寓意；另一方面是因为饺子中可以包入各种"馅料"，来寄托人们对新年的美好愿景，谁能吃到饺子中包入的"钱币"，谁在新的一年就能财运亨通。

春节蒸年糕的习俗多流行于南方地区，"年糕，年糕，年年高"，可见这一春节食俗也寄寓着人们对新一年美好生活的向往与追求。

吃"团圆饭"是春节时最为重要的饮食风俗，无论在南方还是北方，无论在国内还是国外，在除夕时一家人吃上一顿"团圆饭"，才算是真正地过年。

这顿"团圆饭"也叫"年夜饭"，可以算是一年中最为丰盛的一顿饭了，无论是菜品的安排，还是进餐的举止，都是非常讲究的。比如，年夜饭的菜品数量最好要取双数，八道菜、十道菜、十二道菜都可以；菜品中一定要有一道全鱼菜，清蒸也好，水煮也好，"年年有余"最重要。

2. 元宵节

元宵节古称"上元节"，在这一天，家家户户都要吃元宵。元宵又称"圆子""团子"，因为煮熟之后会漂浮在汤面上，所以又被称为"汤圆""浮元子"，有团团圆圆之意。

元宵节吃元宵的习俗起源于宋代，当时的元宵是用糯米粉包裹各种果馅搓成球状，而后用开水煮制而成，更像现在南方"包汤圆"的手法，而不是北方"滚元宵"的手法。

除了吃元宵，古时的元宵节还有吃豆粥（豆子与大米熬制的粥）、焦馓（现在的油炸芝麻球）、蚕丝饭（多种颜色的年糕类食品）等食俗。不同地区在元宵节时，也会有不同的食俗，有的地方会吃枣糕，有的地方会吃豆面团，有的地方则会吃"五谷饭"，其中都寄寓着人们对新一年的美好祈愿。

3. 清明节

清明节是我国的传统节日，其食俗文化多与清明祭祀活动有关。因为与寒食节时间相近，所以我国北方一些地区的清明节也沿用了寒食节的冷食习俗，比如吃冷饽饽、凉大麦粥等，而南方一些地区在清明节时则有吃青团的风俗。

青团又称清明饼、清明果、艾叶糍粑、艾叶青团，其主要是用一些嫩草的汁液以及糯米粉做成的糕点，根据馅料的不同，又有豆沙青团、芝麻青团的区别。现在，"打青团"已经成为清明最有特色的节令食品制作活动之一。

4. 端午节

"吃粽子"是端午节最具代表性的节令食俗，早在魏晋时

期，人们便已在端午时节食用粽子，到了唐代，这一风气变得更加盛行。

唐代人做粽子，多在形式上出花样，锥粽、菱粽、筒粽，品类繁多；宋代人开始在粽子的馅料上下功夫，蘸糖吃的白粽子、内含果仁的果脯粽子、以青菰为料的艾香粽子，滋味无穷；到了明代，人们开始研究肉制粽子，牛肉粽、猪肉粽、火腿粽纷纷被制作出来。

除了各式各样的粽子，不同地区的人们在端午节时，还会吃一些其他的应节食品。比如，一些地区在端午节会将煮熟的鸡蛋在小孩子肚子上滚一滚，再剥给小孩吃掉；有些地区的端午鸡蛋要用煎饼卷着吃；有些地区则有端午节食"五黄"（黄鳝、黄鱼、黄瓜、咸鸭蛋黄、雄黄酒）的习俗。

5. 中秋节

中秋节食月饼是我国各地区普遍流行的习俗，这一习俗兴起于宋代，在明清时广泛传播起来。从明代时起，月饼就有了团圆的寓意，也正是在明代，中秋吃月饼成了一种主流饮食风尚。

除了吃月饼外，我国江南一些地区，还有在中秋节吃桂花糕、喝桂花酒的习俗。中秋佳节之时，一家人聚在一起，仰望圆月，吃些桂花糕，品些桂花酒，可以算是中秋之夜的一件美事了。

　　我国的传统节日大多都有其特定的饮食风俗，作为传统节庆风俗的一个重要分支，节庆食俗为每个节日增添了喜悦的氛围，也让人们向往美好未来的愿望有了真实的物质载体。

四、中华传统居住风俗

我国传统居住风俗是较早形成的一种社会风俗，其与服饰风俗、饮食风俗一起，构成了我国物质生活风俗的基本内容。当我国古代先民开始从自然界中获取生存空间，开始用手中的工具挖掘洞穴、搭建树屋时，传统的居住风俗就开始形成了。

随着社会经济的发展，人们的生存空间不断扩大，居室的材料、形式、功用和审美要求也不断丰富，我国传统居住风俗的类型和内涵也不断扩展。

从分类上来看，我国传统居住风俗可以分为居室类型、建房仪式和居住信仰三个部分。居室类型指的是与民居建筑有关的建筑形制、居室装饰，以及居住格局方面的风俗习惯；建房仪式则是在修建居室时所形成的各种风俗；居住信仰则是与居室构建相关的信仰活动和观念。在这三种分类中，居室类型风俗到现在依然在延续和传承。

一、居室类型

1. 建筑形制风俗

建筑形制风俗主要是指我国传统民居在建筑外观、平面布局和建筑材料等方面反映出来的传统样式。

在远古时期，最初的建筑形制主要是利用天然空间，人类居住在洞穴中（穴居），或居住在树巢上（巢居）。在这种建筑形制之外，古代人类会利用手中的工具建造一些人造住房，比如早期的井干式房屋、干栏式房屋和竹木结构的草屋等。

建筑形制风俗的形成多受到自然气候的影响，北方地区气候干燥寒冷，所以会多一些土木或木石结构的房屋，以达到保暖的作用，比较典型的就是北京地区的四合院；南方地区气候潮湿炎热，所以多会用竹木建造房屋，这样才能更好地通风除潮，这也是井干式和干栏式房屋在南方地区比较多见的原因。

在自然气候之外，地形地貌和一些特殊的社会条件也影响建筑形制风俗的形成，我国各地特色民居的出现，就是这种影响的典型表现。

我国西北部的黄土高原地区的"窑洞"，就是当地人们利用黄土的直立性，在土层断面挖穴建造而成的。这些窑洞的顶部多为半圆或尖圆的拱形，前部中间洞口为门，两边筑墙上开窗，洞穴进深在一丈左右。这种房屋因地制宜，冬暖夏凉，很适合人类居住。

我国福建华安、永定、南靖等地的客家人，建造了很多环形、方形、多边形的土楼，这些土楼像一个个堡垒一样，保卫着居住在土楼中的客家人。这种堡垒式住宅采用多层厚厚的夯土作为承重墙，具有极强的稳固性，历经几百年风雨侵蚀，依然可以屹立不倒。

客家土楼

一些特色建筑形制风俗的形成，虽然没有受到上面这些自然条件的影响，但却深刻体现了我国各民族的生活习惯。

蒙古包是我国蒙古族牧民居住的一种房屋，这种形似帐篷的房子建造和搬迁都很方便，很适合蒙古族人的游牧生活。看起来并不大的蒙古包，包内的面积

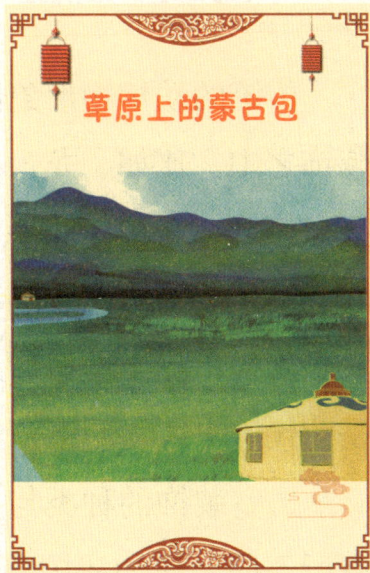

草原上的蒙古包

其实非常大，不仅可以容纳各种家居用具，还可以满足通风、采光等需求，冬暖夏凉，不怕风吹雨打。

干栏式居室的房屋悬建在木柱上，人生活在上，牲畜生活在下，既可以防潮，又很安全，我国傣族竹楼，以及湘西地区苗族和土家族的吊脚楼都是这样的建筑。

2. 居室装饰风俗

居室装饰风俗涉及民居各处的风格，门、窗、梁、栋、灶、炕等家居设施的位置、大小、装饰，都有一些特定的风俗内涵。

我国古代社会拥有森严的等级制度，表现在建筑形制上，就是对各类建筑装饰的样式和规格进行明确规定，屋脊的高度、大门的颜色、门环的材料和门钉的数量都要依身份等级而定。

传统的动植物形象因其象征意义，也会被运用到居室装饰之中。比如，龙、虎、凤、龟这四种神兽形象多用于皇家建筑；松树、仙鹤、牡丹和桃则多用来表现富贵长寿；两只狮子装饰寓意着事事如意；瓶中插麦穗装饰则寓意岁岁平安……除了动植物形象外，一些传统的神仙形象，或是前代历史人物形象，也常被用作居室装饰图像。

居室装饰的种类与风格，也会因为地域环境的差异而有所不同。比如我国陕北地区的窑洞常用炕围画来装饰，东北地区的民居则会用窗纸和窗花来装饰，徽派民居的门和窗户采用木雕艺术装饰，四合院住宅则会用影壁来美化门面。

3. 居室格局风俗

居室格局风俗指的是居室居住空间因满足家庭生活需要而形成的各种功能分区，对这些功能分区的具体安排，会体现出各种风俗观念。

对家庭成员住所和卧榻方位的布置，反映出不同地区家族内部按辈分和男女分居的习俗。比如，在老北京四合院中，北面的正房一般是给家族的长者居住的，因为这里的采光、取暖和避寒条件是最好的；东西厢房是给小辈们居住的；南面的倒座房则当作书房、储藏室，或者留给仆人居住。

在一些普通居室中，坐南朝北的房子是不太适合做居室的，因为其采光、取暖和避寒的条件都不太好。一些地区为了获得更好的采光，人们多会选择在靠山、面水或向阳的山坡上建造房屋。

抬梁上架

二、建房仪式

建房仪式是传统居住风俗的重要组成部分，在古代人的社会生活中占据着重要地位。在房屋建造过程中，很多环节都需要举行相应的仪式。

一些地区在破土动工前会举行祭祀土神的仪式，这是一种尊重和告慰之礼，也是一种传统的建房仪式。现而今，奠基的仪式依然存在，但其已不再有祭奠的含义，而只保留了奠定建筑物基础这一层含义。

一些地区在"上梁"之前会举行上梁仪式，土木、砖木结构房子的上梁又被称为"合龙口"，陕北人在"箍窑"封顶时便要以"合龙口"来宣告工程的完结。"上梁不正下梁歪，中梁不正倒下来"说的就是只有上好了房梁，整个房子才能稳固，从这里也可以看出人们对"上梁"的重视。

在正式"上梁"前，房主会在房梁和门窗上贴上用红纸写的对联，一般是保佑上梁大吉之类的内容；而后还要在正门前设立香案，摆上果品，再毕恭毕敬地燃香叩拜；最后以燃放鞭炮为号令，展开"上梁"工作。

现在的农村地区在"上梁"时多省去了祭祀的环节，房主多会在"上梁"完成后摆上几桌酒菜，宴请施工队，一方面表达对施工队的感谢，另一方面也是庆贺新房落成。

在乔迁新居时，也会有一些宜忌之事，久而久之便形成了许多传统的乔迁习俗。"贺新居"是各地乔迁习俗中都会有的环节，亲朋好友上门致贺的习俗直到现在也很流行，只不过以前拿着公鸡和鲤鱼来庆祝乔迁者大吉大利、年年有余的习俗，现在多变成了以礼金来表达祝福。

三、居住信仰

中华传统民居在设计时，会追求与自然的和谐共生，每一处民居都反映着当时人们的生活习惯、价值取向和审美追求。

在居住信仰方面，我国古代的民居建筑多受到"天人合一""阴阳"等思想的影响，讲究房屋整体要与周围环境相适应，内部格局要有一定的章法，"门堂之制"再搭配东西厢房形成的院落关系，正是这些思想的独特表现。

一些民居中会专门设置供奉祖先的空间，这些空间多被视为神圣之所，不能存放和悬挂其他物件。比如蒙古包的西北角，多不坐人；南方少数民族居室中心的火塘，则不准任何人跨越。

中华传统居住风俗作为我国物质生活民俗之一，包含

着物质、精神与社会多方面的意义与内涵，今天我们的许
多居住和生活方式虽然与传统风俗不同，但其中的本质内
涵是没有太大改变的。

五、中华传统出行风俗

自人类产生伊始，出行便是一项重要活动。为了更好地进行采集与狩猎，原始人类必须一刻不停地奔走，在掌握畜力运输和机械运输方法后，人类的出行效率大为增加，一直到现在，"出行"依然是人类的重要活动。

中华传统出行风俗指的就是与个人出行、交通运输有关的礼仪和习俗，与服饰、饮食、居住风俗相比，中华传统出行风俗的内容并不算多，但在几千年的社会生活中，还是有一些传统出行风俗流传下来的。

在古代，普通百姓是很少外出行游的，一方面是因为路途艰难，缺少安全保障，另一方面则是因为家中杂事太多，根本没时间出游。只有在万不得已之时，普通百姓才会背起行囊离家外出。

都有什么万不得已的情况呢？外出谋生跑江湖，走亲访友通有无，上学赶考求功名，天灾人祸寻生路。在这四种出行情况中，前三种算是正常出行，较为普遍，千百年来形成了稳定的行旅风俗，第四种算是突发事件，即使有风俗，也少有人会遵循。

一、择日出行

正常的出行，无论路途远近、用时长短，古人都要选择一个"吉日"，他们相信在"黄道吉日"出行会更加顺利。

最常见的择日方法是查皇历（现在也称"黄历"），根据皇历上的"宜忌"来确定出行日期。更简单的方法是直接选定日期，比如有些地区的人们会在每月的三、六、九日出门，而在二、五、八日返家，"三六九，往外走；二五八，好回家"说的正是这种择日风俗。

现在来看，古人的这些择日风俗并没有值得信赖的科学依据，现代人也很少有选择"吉日"出门的习惯。

二、做足准备

正常出远门时，古人通常会做好充分准备，这些准备包括各个方面的内容，以应对行路途中的各种问题。

1. "盘缠"一定要带足

"盘缠"就是古代的路费，因古人常将钱币用布袋或绳子盘绕缠裹在腰间而得名。这种携带钱币的方法既方便又安全，与现代人将钱币放在裤兜或手包里并没有太大区别。

严格来说，"盘缠"并不只是钱币，没钱的普通百姓在出远门时也会带"盘缠"，这种"盘缠"主要是一些路上可以食用的干粮，像是面饼、饽饽之类的充饥之物。

2. 衣物也要带一些

衣物之类的生活用品在出远门时也是要带一些的，古人会将衣服、杂物卷在包袱中，斜挎在肩膀上，如果需要在外露宿，人们还会背上铺盖。

除了衣物外，一些必要的日常用具也是需要携带的，比如遮雨的油纸伞和蓑衣、照明的灯具、书写的笔墨纸砚等。上京赶考的书生常背的箱笼，就是一种用竹条编制的盛衣器具，这里面除了可以放置衣物，还可以放一些其他器物。如果带的东西比较多，有钱人家的读书人通常会再带一名书童或奴仆来拿行李。

3. 其他出行准备

衣物、路费等基本准备做好后，便可以出门远行了，但为了应对一些特殊情况，有些人还会做一些特殊准备。

一些骑驴或骑马出行的人，通常还要带一些草料，以帮助驴马补充体力；一些搞长途贩运的商人，通常会带上几只恶犬，用来帮助自己看守货物；一些地区的人们出远门时，还会在腰上系好红腰带，以躲避行路途中的灾邪。

三、辞行风俗

一些地区针对出行有一套专用的辞行风俗，其中的很多仪式或行为更多是为了让出行者自己心安，并不会对出行者的行旅之路带来多少帮助。

1. 祭祀祈祷

一些地方的百姓在出远门前，会在天地神前、祖先堂前烧香跪拜，将自己出行之事说清楚，并请求神灵和祖先保佑。有的百姓走在路上遇到神庙神龛也会拜祭一番，解释自己路过此地，打扰了神灵休息，希望对方不要惩罚自己等等。

除了祭拜神灵与祖先，一些大门大户人家的年轻人要出远门时，还要一一拜见家里的长辈，运气好的，还能从长辈那里讨得一点儿"盘缠"。

2. 送礼饯行

有些地方的人在出远门时，家人邻居会给出行者准备一顿饯行饭，条件不好的也会给出行者准备几个鸡蛋吃。

有些地区会给出行者准备十个煮鸡蛋，取"十全十美"的吉利之意。有些地区则讲究"出门饺子回家面"，出门吃饺子是祝愿出行者在外面发大财，回家吃面条是为了让出行者在家待得久一些，不要刚回来就走。

四、旅途风俗

古人在出行途中，也有一些旅途风俗，这些风俗到了现在也没有消失，但在具体形式上却已经发生了很大的变化。

古人在旅途中如果要问路，需要先施礼，而后再以尊称开口询问。以这种礼貌的方式问路，成功率会更高一些，"见人不施礼，多走二百里"说的正是这个道理。这一风俗在现在依然存在，问路前加上一句"您好"可要比直接说"哎"的成功率高很多。

在旅途中古人还有一些旅途禁忌，比如坐船的时候酒杯、羹匙不可反置，盘中的鱼不可翻身，避讳"翻船"；吃鱼要先吃头，寓意"一头顺风"等。

在出行者旅行归来之时，亲朋好友们会为出行者"接风""洗尘"，出行者也要为亲友们送上一些自己在路途中购得的小礼物，以示心意，这种风俗在现代依然也很流行。

总体而言，古人的出行风俗多源于对旅途顺利的企盼，择日也好，祭祀也罢，都是为了让自己能够更安心地踏上旅途。事实上，对于普通百姓来说，离开家门的远行是非常艰难的，他们没有便捷的交通工具，也享受不到官府提供的安全保护，既需要面对豺狼虎豹的威胁，又需要提防山野贼人的抢夺，"行路难"可以说是古代普通百姓出行的真实写照。

五、交通运输风俗

交通运输是联系各个地区的纽带，从古至今，我国的交通运输方式和工具几经更迭，在几千年的历史长河中，形成了自己独具特色的风俗文化。

1. 人挑肩扛

人挑肩扛是最为古老的一种运输方式，也是一种最为简便的运输方式。"挑"和"扛"说的是两种人力运输货物的方式，"挑"是借助竹竿等工具将货物挑起来，由人力运输到其他地方；"扛"则是直接将货物扛在肩头，运输到其他地方。

这种传统运输方式对运输条件的要求较低，所以适用性非常广，古代帝王在修建宫殿、陵墓时，征发苦役运输建筑材料，大多会采用这种运输方式，虽然个人运输效率不高，但人数足够多，运输量也就很可观了。

现在虽然出现了各种交通工具和建筑机械，人挑肩扛这种交通运输方式也没有完全消失，将游客的行李或自己的生活用品运上山的"挑山工"，正是传承这种风俗的典型代表。

2. 畜力驮运

从运力上来看，畜力驮运是要远高于人挑肩扛的，利用牛、马、驴等动物，能够将重的货物驮运到更远的地方。古人在外出远行时，也会选择用马或驴来驮运行李，以减轻自己的负担。

在一些地理环境复杂的地区，古人也会选用对环境适应性强的牲畜驮运货物。比如，在一些高海拔雪原地区，古人多会选用牦牛来驮运货物；而在云南等多山地区，则会有专门的马帮用骡马驮运货物。

在我国沙漠地区生活的百姓会选择用骆驼来驮运货物，用两个口大底小的粗麻编织袋，十字交叉斜搭在两个驼峰之间，口袋中便可盛放各种货物。在明清时期，骆驼也是京城中常用的运载工具。

3. 车

我国是世界上最早发明车和使用车的国家之一，早在黄帝时期，古人便已经开始使用人力车来运输了。

人力车与畜力车都是传统交通运输民俗中的主要运输工具，只是因为牵引力的不同，才有所区别。早一些的人力车主要是手推的单轮车，后来逐渐发展为"二轮车"，以及"三轮车"。畜力车中最常见的是马车，四马拉一车为"驷"，三马拉一车为"骖"，二马拉一车为"骈"。

4. 轿

最初的轿又被称为"肩舆"，是由人用肩来扛行的交通工具，古代的普通百姓通常是坐不得的，只有那些有钱有势之人才有资格坐轿子。

古代的轿有官轿和民轿之分，官轿是皇家和各级官员用的轿子，需要严格按照等级差别来选用，不同等级的官轿在形状、颜色、装饰和抬轿人数上都有严格规定，任何人都不可逾越规定，擅自搭乘不符合自己身份的轿子。民轿多是一些普通的轿子，在规格上并不能与官轿相比较。

除了官轿与民轿之分，古代的轿子还可以按照其他方法分类，比如：按照抬轿人数来分可分为二人轿、四人轿、八人轿、十二人轿、十六人轿等；按照制别来分可分为步舆、凤舆、仪舆等；按照装饰来分可分为明黄轿、蓝呢轿、绿呢轿等。

5. 船

船是水路运输不可缺少的交通工具，我国古代的船主要有游船、埠船、渔船、渡船等几种。

游船是对用于水上游览船只的统称，并没有特定的样式，但多造型精美。画舫和花船都是游船的典型代表，这类船只大多经过精心装饰，非常漂亮，很适合外出游玩时乘坐。

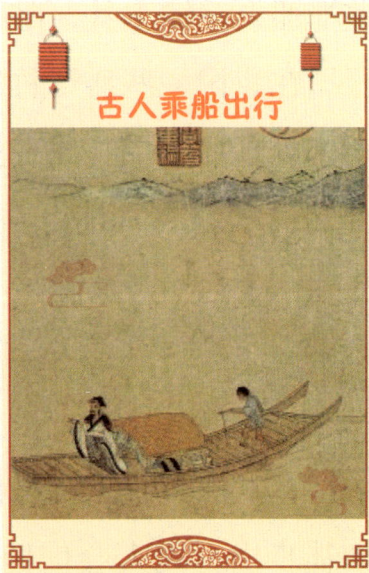

古人乘船出行

埠船是对运送乘客和货物的船只的统称，这类船只虽然没有太过华丽的装饰，但却十分注重实用性，可容纳的人数也比较多。埠船一般都有固定的航行路线，会定期往返于各个城市，想要运送货物的古人需要提前定好时间才行。

渔船是古人用来进行渔猎活动的船只，这种船的体形都不大，在水面上的灵活性比较强，很适合用来进行渔猎活动。

渡船主要是对用来摆渡的船只的统称，这种船通常停泊在各个渡口，在收取费用后，船主会将行人摆渡到河对岸。

古人的水上运输工具除了上面提到的这些船，还有一些非船类运输工具，比如竹筏、木筏、皮筏等。

在我国一些盛产竹子的地区，古人通常会将数根毛竹切削处理后，捆扎成一排，作为渡河工具。也有一些地区会用圆木编成木排，再将充满气的动物皮囊拴在木排上，作为水上运输工具。

六、出行信仰

在我国传统出行风俗中，古人多会信仰一些神祇，比如徒步出行之人会信仰"行神"，驾驭马车的车夫会信仰"马神"，捕鱼之人多信仰"河神""水神"，航海远行之人则多信仰"妈祖"。在诸多与出行有关的神祇信仰中，妈祖信仰的影响是最为广泛的。

"妈祖"生前乐善好施，多次乘船救护遇难的渔民和商人，死后人们感念她的恩德，为其立祠祭祀，由此便有了对"妈祖"的崇拜信仰。这种信仰起源于宋代，最初只在东南沿海地区流传，而后经过元、明、清三代的发展，"妈祖"逐渐成为海洋的守护神，开始在全国范围内得到尊崇，到现在我国很多地区仍会时常举行纪念妈祖的活动。

中华传统出行风俗发展到现在，依然留存下来的已经不多了，这之中有许多是时代发展的必然，那些落后的交通运输工具必然会被时代所淘汰，但不可否认的是，一些传统的交通运输工具虽然效率很低，但却是非常环保的。

第三章

中华传统
生产风俗

一、中华传统农业生产风俗

农业是我国的立国之本，其既是我国古代先民生存发展之根本，也是现代中国稳定发展的基石。围绕着农业生产，我国古代先民总结农业生产的经验，记录种植活动的辛苦，分享作物丰收时的喜悦，创造出了一系列传统风俗，直到现在，其中一些风俗依然在传承延续。

我国古代的农业生产活动都是在自然环境的限制下进行的，很少有利用人为手段逆环境开展农业生产的情况，所以顺应自然始终是我国古代农业生产的主要指导思想。

季节和气候是影响古代农业生产的重要因素，在尚未掌握自然变化规律之前，古人的农业生产活动很不稳定，作物种植也缺少经验指导。随着时间的推移，一代又一代的古人将前人的经验总结下来，逐渐了解了自然变化的周期性规律，学会了春种夏长秋收冬藏的耕作经验，稳定了农业生产活动。

但除了周期性变化规律之外，自然环境的变化还有一些不规律的因素，比如下雨下雪、干旱洪涝、霜降冰雹，这些自然现象很少会按人们的心愿说来就来、说走就走。面对这些不规律的因素，古人除了做好预防措施外，只能依靠祈愿来让自己更放心一些。

1. 立春农俗

立春是四季之始，也是农业生产风俗的起点，在这一时节，古人会以演春、迎春、鞭春、送春、抢春等形式为农业生产活动祈福。

在立春前一日，一些地区会先开展"演春"活动，各行各业的劳动者们会拿着自己的生产工具与职业艺人一同参与百戏表演，通过这种形式来迎接立春日的到来。

迎春是立春时的主要农俗活动，这一天，天子会率领百官亲自在都城的东郊迎接春天的到来。《后汉书·祭祀志中》中说："立春之日，迎春于东郊，祭青帝句芒，车骑服饰皆青。"这便是古人的迎春风俗，在立春这一天，人们会在村落东面祭拜青帝句芒，参与祭拜活动的车、骑的服饰都是青色。

鞭春是一种象征农耕的仪式，通常在立春当日迎春活动之后举行。自宋朝开始，鞭春开始成为全国性农俗活动，立春这一天，官员在向句芒神献礼后，来到土牛前，伴着三声鼓，鞭打土牛三次：一鞭风调雨顺，二鞭国泰民安，三鞭天子万年春。

鞭春之后还要送春，送春时官府会为士绅乡达人家送小春牛（小型土牛），普通百姓则会互相赠送小春牛。在北宋时，立春之日开封城中到处是沿街叫卖小春牛的商贩，这些小春牛造型独特、形态各异，很受普通百姓的喜爱。

送春的同时一些地区还流行抢春风俗，古人会在鞭春活动结束后，争抢塑造土牛的泥土，并将其涂抹在自家牲畜圈中，以保六畜兴旺。

除了上面这些迎接春耕的活动外，立春期间还有一项风俗活动，即使在现在也依然在传承延续，那就是立春吃春饼、喝春酒的饮食风俗。

2. 种植风俗

在种植作物时，古代也形成了一些独特的种植风俗，这些风俗贯穿于整个耕种过程，充分体现了古代农民对农业生产活动的重视。

动土开耕是农业生产的第一项工作，在做这项工作之前，一些地区会先开展试犁仪式。在破土耕种当日，古人会在田间地头焚香祭拜，祈求这一年能风调雨顺，五谷丰登。

在试犁风俗之外，古人在育种下种时也有一些风俗。比如，在选好谷种后的浸种环节（浸泡种子并保持适当温度让种子发芽），一些地区的农民会在浸种后在谷种上放一张红纸，而后再压一把镰刀，一是为了"镇邪"，二是表示收割在望。

在下种时，一些地区的农民会在播种日早上吃发糕、鸡蛋和豆芽，希望播下的种子能在"神奇力量"的帮助下快快发芽、快快成长。为了保证种子能够顺利生根发芽，一些地区的农民在下种时会选择太阳下山时播种。

在保护秧苗方面，古人也总结出了一套完整风俗。为了防止鸟雀来啄食秧苗，制作稻草人插在田间，便是古人在农业生产活动中总结的有效经验，久而久之便成了一种固定的风俗。

3. 农业管理风俗

我国传统的农业管理风俗主要是包括旱涝灾害防治，以及病虫害防治两方面内容，竖立稻草人便是病虫害防治方面的一个风俗。这一生产环节的风俗，既有一些神秘仪式，也有许多科学方法。

抗旱方面的风俗主要与取水灌溉有关，一是引河水、井水灌溉，一是祈求天降大雨。在引水灌溉方面，我国古代北方地区的农民多采用辘轳提井水灌溉，南方地区则多以水车取河湖水灌溉；在祈雨方面，古代各地都有一些神秘的仪式。

从现在来看，抗旱风俗中的引水活动依然盛行于我国各地区，而祈雨活动则已经被人工增雨等科学手段所替代。

相比于抗旱风俗，古人的防涝风俗要相对单一一些，一般在连绵阴雨时，古人便会开展一些止雨求晴活动，来祈求上天不要再降雨。在诸多止雨求晴风俗中，悬挂"扫晴娘"是流传最为广泛的一种。

"扫晴娘"是一种悬挂在屋檐上祈求晴天的纸娃娃，日本悬挂"晴天娃娃"的风俗便是起源于此。明代历史地理类著作《帝京景物略》中提到其制作方法："雨久，以白纸作妇人首，剪红绿纸衣之，以苕帚苗缚小帚，令携之，竿悬檐际，曰扫晴娘。"

古人防治病虫害的风俗既有一些实用手段，也有一些神秘仪式，比如我国江南地区的农村在正月十五会进行

"放烧火"，人们会将柴草扎成火把，然后在田埂上焚烧。火烧田埂确实有除虫的功效，但同时也会对自然环境造成不利影响，所以现在农业耕种多禁止焚烧秸秆、杂草。

4. 收获风俗

收获风俗主要指农业收获过程中的一些风俗，比如尝新、秋社等，相比于立春时节向上天祈求丰收，收获时节更多是感念"上天的恩德"，让自己有所收获。

我国湘、黔、桂等省区的一些少数民族在每年的农历七月初七会过尝新节（又称"吃新节"），顾名思义这是与"吃"有关的一个节日。一般在农作物大面积收割之前，人们会先收一些回去做成各式美食，邀请全家人到田间祭祀祖先后，再一起吃掉美食，以此来预祝收割时能够获得大丰收。

秋社是古代祭祀土地神的日子，一般在立秋后第五个戊日举行，其与春社相呼应，春社是祈求神灵保佑丰收，秋社则是酬谢神灵保佑丰收。

这种祭拜土地的风俗在农业生产活动中是非常普遍的，古人崇拜土地，是因为它是他们生活居住的场所，也是获取生活所需材料的重要源地。在没有先进科学技术的当时，人们只能"看天脸色，靠地吃饭"，而现在借助于先进科技，我们可以让粮食产量倍增，让不适合耕种的土地也能种上庄稼。

在当今社会，许多传统农业风俗已经被科学育种、科学栽培、科学管理所取代，现代农民也已经很少再通过祭祀方式来祈求丰收了，但作为传统风俗文化的一部分，这些传统的农业生产风俗还是值得我们去认识和了解的。

二、中华传统渔猎生产风俗

在远古社会，原始人类尚不知如何种植作物，渔猎便成为其维持生活的主要手段。进入到封建社会时期，古人已经可以利用种植的作物养活自己，渔猎便从主要谋生手段变成了副业。

对于那些生活在沿海、沿江、湖泊、山林地区的古人来说，渔猎始终都是维持生计的主要生产活动。在一代又一代人的渔猎活动中，一些习以为常的内容逐渐发展成为渔猎生产活动的风俗。

一、捕鱼风俗

相比于河湖捕鱼，出海捕鱼的风俗要更多一些，从出海前的准备，到航海时的禁忌，都有特定的风俗规范。

出海捕鱼需要长时间在船上生活，所以渔民们要提前准备好必要的生活物资。由于长时间与家人分离，孤独地漂泊在大海上，渔民们还要调整好自己的心态。更为重要的是，每一个渔民在上船前都要对出海捕鱼的风俗有所了解，以防在集体作业时犯了禁忌，牵累他人。

1. 出海前的准备

出海前的准备风俗主要是请神保佑和以火驱邪，我国沿海地区的百姓普遍信仰"妈祖"，一些地区还建有专门的天后宫（妈祖又称天后圣母娘娘），在出海之前，渔民们会将出海人员的名单放在妈祖像前，祈求其保佑每一个人的安全。一些地区的渔民害怕妈祖认不得这么多人，还会将自己渔船的模型放在妈祖像前，祈求其保佑船上的每一个人。

以火驱邪主要是船老大用火把将船员以及船上的所有物资和每一个角落都照一遍，照的同时还要说一些"吉星高照"之类的吉利话。在照完之后，船员和船上的晦气便被赶跑，只剩下喜气和财气，这样出海捕鱼就会一帆风顺了。

船员驱邪

2. 第一网鱼的处置

出海捕捞上来的第一网鱼，往往需要特别对待。有的地方的渔民会从第一网鱼中挑出最大最肥的放在船头祭祀龙王和妈祖，神灵们"吃"过后，他们自己才能吃。有些地方的渔民会挑出几条肥美的鱼来孝敬祖先，祈求祖先保佑。

在出海捕鱼时，有些鱼是不能捕的，如果误抓到则要立刻放生。"海和尚"是我国民间传说中的一种海怪，东南沿海地区的渔民认为捕捞到这种海怪要赶紧扔掉。日本神话传说中的"海坊主"便是一种"海和尚"。

古人认为海龟是龙王的将军，虽然不是"不祥之物"，但也不能随意捕捞。现在渔民不捕捞海龟主要是因为这种动物是重要的濒危野生动物，受国家法律的保护，如果私自捕捞将会受到法律的制裁。

3. 船上生活的禁忌

在船上生活时，有许多禁忌是每个船员都必须要了解的。出海捕鱼是集体行动，大家都在一条船上，有一个人触犯了禁忌，对大家都会产生影响，所以渔民们对于这一方面的风俗还是相当重视的。

在船上最忌讳说"翻""反""死""沉""倒"之类的词，也忌讳做与之相关的动作。比如，渔民在船上吃鱼时通常不会翻面，搬动大件物品时也不准翻个儿，因为他们相信这些与"翻"相关的活动都可能是渔船翻覆的征兆。

　　在出海捕鱼时，渔民通常不会将废物遗弃在海上，有的人是怕这些废物污染龙王的地界，会遭到龙王惩罚；有的人则是担心海上的妖怪会顺着遗弃物找到自己。所以不论是吃剩下的饭菜，还是吃完的鱼骨头，都不会遗弃在海里。如果更多人能够像渔民们一样自觉不向海洋中扔垃圾，那现在的海洋污染可能也不会这样严重。

4. 海上互助风俗

　　出海捕鱼通常是由许多只船结伴而行，有威望有能力的人担任船队的老大，他所在的船被称为"旗船"，旗船会通过特殊的旗号向其他船只发号施令，其他各船需要在旗船的指挥下展开行动。

　　当在海上遇到困难时，渔民通常不会招手呼喊，而是找一个显眼的物件平举起来打转或摇晃。当在海上看到有船求救时，渔民通常会立即靠拢过去施以援手，即使是正在开网拿鱼的渔船，也会放下手中工作，迅速靠拢过去救援，这是渔民之间共通的情谊。

　　除了这些风俗外，在一些传统节日时，渔民的节日风俗也会与其他人有所不同，比如大多数人在春节时会扫房贴对联，而渔民在春节则是扫船贴对联；大多数人家的春联多写"迎新春事事如意，接洪福步步高升"，而渔民船上的春联则多写"船头无浪多招宝，船后生风广进财"。

二、捕猎风俗

捕猎作为一种原始的生产活动，到现在已有数千年的历史，在这漫长的时光中，许多捕猎技术和仪式传承下来，构成了丰富多彩的捕猎风俗。通过捕猎，人们可以获得食物、毛皮和药材，这对于人类繁衍生息具有重要意义。

从原始社会到封建社会，捕猎的技术、套路和仪式层出不穷，捕猎风俗也逐渐丰富。进入现代社会后，人们的动物保护意识不断提高，许多动物保护政策相继出台，捕猎活动逐渐减少，捕猎风俗也没有再继续发展下去。

1. 猎人的信仰风俗

猎人是古代捕猎活动的主要参与者，这是一份非常危险的工作，所以猎人们对于吉凶拜祭是很看重的，一些捕猎风俗正是在这种情况下出现的。

在捕猎之前，猎人们通常会选择一个"吉日"并祭拜神灵，祈求庇佑。比如，有的地区的猎人在选定狩猎日期后，会用鸡肉

和馒头作为供品，献给山神。

不同地区的猎人们信仰的神祇也会有所不同，湘西山区的猎人普遍信仰"梅山猎神"，在捕猎之前，都要在屋后先祭祀梅山神。此种祭祀又被称为"安梅山"，猎人会用斋粑、豆腐、猪肉和一只开啼公鸡作为祭品，叩拜神灵时还要念一些"不被兽咬、不被蛇啄"的祈求语。

在获猎之后，猎人们要先谢过神灵，才能将猎物带走。长白山地区的猎人在捕获第一只猎物后，通常要割下猎物身上上好的肉，煮熟之后献给山神；江浙山区的猎人在捕获到大型野兽后，会将野兽的头供起来，祭拜山神和火神。

2. 捕猎的方式方法

古时候猎人捕获猎物的方法有很多，捕猎的目的、季节、对象不同，所需要使用到的捕猎方法也会有所不同。

一般来说，猎人捕猎的目的主要是为了肉食、皮毛和猎物的某一特殊器官，东北地区将为肉食而捕猎称为"菜围"，而将后两种目的的捕猎称为"红围"。

"菜围"时只要将猎物击杀便可以，但"红围"时则要尽量保证猎物皮毛和特定器官的完整性。比如，在猎鹿时，猎人在射中公鹿后，需要迅速跑过去抱住鹿头，以防公鹿乱闯将鹿茸撞碎。

古代猎人常在猎物生长、迁移的季节狩猎，同时还会考虑当地的天气变化。比如，长白山地区的猎人通常会在初春时节狩猎，因为这时候当地的积雪在白天消融，晚上又会冻成薄冰，身重的野兽很容易陷入冰窟之中，便于猎人进行抓捕。

在捕猎一些特殊猎物时，古代猎人还会针对猎物的不同弱点选用狩猎方法。比如，捕猎野猪时，猎人通常会朝野猪耳根后开枪，一枪毙命，这是因为野猪皮糙肉厚，火枪很难打穿，一旦惊吓到野猪，后果不堪设想，所以必须选择其耳后脆弱部位，一击致命才行。

随着社会的不断发展进步，到了现代社会捕猎风俗已经逐渐消亡，而捕鱼风俗却随着这项活动一直延续到了今天。

三、中华传统采掘、养殖风俗

　　旧石器时代的古人，更多依靠天赐食物维持生存，采掘作为一种重要的生产生活方式，对人类生存发展产生了重要影响。即使到了今天，采掘活动还依然存在，采掘民俗也在代代传承。

　　相比于采掘活动，养殖活动出现得要稍晚一些，但其对人类生存发展的作用却是不可小觑的。培育植物、驯养动物，为人们生产生活提供必要的物质资料，在这个过程中，便形成了各种各样的养殖民俗。

一、采掘风俗

　　在原始社会中，当传统农业还未兴起时，采掘便是人们主要的生产生活方式。在年景好的时候，可采掘的食物种类也相对丰富；在年景不太好的时候，古人就只能采一些草根、树皮来充饥果腹。

野生植物的花、茎、叶、果、根是古人的主要采集对象，《诗经》中便随处可见古人采薇、采蕨的记录。

春天到来，植物吐露新芽，鲜嫩的柳叶、杨叶，泡煮之后便可调为小菜；槐花、苜蓿花采回洗净，可做馅料也可直接食用；乡野之中的苣菜，用开水焯过后，便可以调拌成自己喜欢的味道；一阵阴雨过后，人们还可以去树林中搜寻野生蘑菇和"地皮菜"，蒸、炒、煎、炸都别有一番风味。

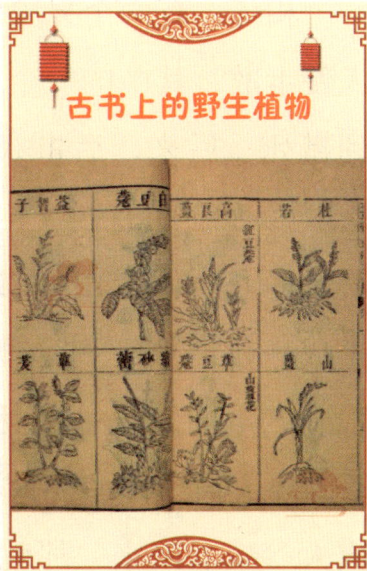

古书上的野生植物

采集蒲草根和葛根制成粉，与粮食掺杂在一起食用，也是一种常见的采集风俗。除了这些野菜之外，酸枣、山桃、山杏等野果，也是古人经常采集的对象。

二、采参风俗

相比于挖野菜，上山采参的风俗显然要更多一些。长白山地区的采参活动，又被称为"放山""挖宝"，单人单棍采参的被称为"撮单棍"，多人合伙采参的被称为"拉帮放山"。

采参人主要信仰山神和"老把头",入山拜神是一种普遍信仰,入山拜"老把头"则来源于一个故事传说。

相传,有两个兄弟相约入长白山采参,入山后不久两人便走散,其中的一个人一直在山中寻找自己的兄弟,直到饿死。后来,后世入山采参的人便将此人称为"老把头",认为他会保护上山采参的后人。

多人合伙上山采参需要遵守的规矩更多,众人需要排成一排,从近到远搜索杂草下掩盖的人参。在采参过程中,不能多说一句话,也不能有多余动作,发现人参后,要大声喊出"棒槌",即"喊山",如果把其他杂草看成人参喊了出来,那就犯了忌讳,即"喊炸山了"。采到人参后,要立刻给参苗系上红绳,据说这样可以防止人参转胎。

在上山采参时,人们还要遵循一些普遍的职业道德,比如,看见小参苗不仅不能采挖,还要在旁边的树上留下记号,提醒别人不要采挖;挖到大参苗后,要把一半参籽撒在地上,让人参能够再度生根。

三、养殖风俗

古人开展养殖活动的时间,是要晚于采掘活动的。作为产食文化的一个重要部分,驯化动物的养殖活动对人类生存发展是非常重要的。几千年来，在各种各样的养殖活动中，形成了许多各具特色的养殖风俗。

1. 养蚕风俗

从古时起，中国的丝绸便已享誉世界，这种成绩的取得，与蚕农在养蚕制丝时耗心费力地劳作是分不开的。

无论是养春蚕，还是在夏秋季养蚕，搭蚕室都是养蚕的首要工作。大多数蚕农都会选择将家中的闲置房间收拾成蚕室，做好除尘消毒工作后，还要在墙壁上糊纸，在窗户外挂帘，来隔绝风寒。

由古及今，围绕蚕室形成了许多风俗禁忌，清代农学家杨屾（shēn）所撰农书《豳风广义》中列举了数十种蚕室禁忌，比如忌夜间灯火光射入蚕室窗孔、忌蚕室内哭泣叫唤等。

除了这些风俗禁忌外，在蚕室中还有一些语言禁忌，比如在蚕室中不能说"亮""天亮了"等词句，因为亮蚕是一种病蚕。可以看出，这些风俗禁忌有些对养蚕确实是有益的，有些却只是蚕农为自己找一些心理上的安慰。

在应对蚕病时，蚕农也有科学和信仰两方面的习俗。在科学处置方面，蚕农会采用预防与治疗两种方法，比如，在浙江海盐地区，蚕农会提前将活的赤练蛇封入石灰罐中，在发现蚕得了僵病后，及时将石灰撒在病蚕身上。

这种方式可以在一定程度上抑制蚕病。

在依靠信仰时，蚕农主要是求神拜佛，有时还会施行一些巫术。古代蚕农将侵害蚕的各种病菌、虫蚁称为"蚕祟"，在清明夜时，蚕农会用米粉做成白虎神像，并摆供祭祀；还会将米粉捏成蚕茧模样的蚕花包子，用来祭祀门神，分送四邻。

相比于这种依靠信仰的处置方法，前面提到的科学处置显然要更有效一些，现代蚕农在这一方面显然要比古代蚕农"清醒"得多，先进技术让现代蚕农可以更科学地完成养蚕制丝工作。

对于蚕神的信仰，也是一种重要的养蚕风俗。早在殷墟卜辞中，便已提到过人们对蚕神的祭祀，此后历朝历代皆有蚕神祭祀活动，但历代的蚕神却并无专名。

我国民间的蚕神信仰相对复杂，有些地方的蚕农信仰"先蚕娘娘"嫘祖，有些地方的蚕农则信仰"蚕花菩萨"。蚕农们会在当地的蚕神庙购买一些蚕神信物，放到家中的蚕室里，或者贴到蚕室的门上。

2. 养畜风俗

在耕种之外，古人还会依靠养殖牲畜来让生活过得更丰实一些。马、牛、羊、猪、鸡、鸭、鹅等都是较为常见的养殖牲畜，牛、马等牲畜既可以役使，又可以食用；鸡、鸭、鹅则既可产蛋，也可食用；猪则主要作为肉食被食用。

马的饲养要比牛羊更"精致"一些，山东地区的农谚"寸草铡三刀，没料也上膘"，说的就是给马喂的饲料要用铡刀铡得越细越好，同时还要配上麸皮、豆饼等辅料。

农谚"马无夜草不肥"则是说养马要勤喂夜草，一般一晚上要喂四次草才行，每次草和料的配比还都有所不同。古时候有钱人家会专门雇人照料马匹，小说《白鹿原》中的鹿三经常晚上住在白家马棚，就是要给马匹喂夜草。

牛在喂养方面要比马随意许多，养牛的民间风俗也有很多。比如，牛在生犊之后，有些地方的人会将胞衣扔到河中，有些地方则会将其挂在树杈上；有的地方在腊八这天还会喂牛喝腊八粥，逢年过节还会给牛些黄酒、鸡蛋吃；一些地区在买牛入户时，要在牛头上系红绳，或是在牛角上贴红纸。

鸡、鸭、鹅等家禽的饲养中，尤以养鸡最为普遍，风俗也最多。从古至今，鸡和鸡蛋都是走亲访友、拜访乡邻的一种特殊礼品，也是农村人家提升生活水平的主要食材。"母鸡下蛋，公鸡打鸣，阉鸡吃肉"更是养鸡人家的一贯风俗。

猪是我国古人饲养最多的一种食用家畜，这种牲畜不挑饲料、不挑窝圈，还能产粪肥、得肉食，可以说是一种养殖性价比极高的牲畜。相对而言，养猪的风俗也要比养其他牲畜多一些，从建栏、买种，到繁殖、屠宰，各个流程中都形成了一些特定的风俗。

比如，浙江地区在新建猪栏时，要在新栏门上挂五彩布条，新栏建成后，还要先祭拜猪栏神，才能使用。

而在买卖生猪时，浙江一些地区会在挑猪的猪蒲上放红纸；广东一些地区则在放猪进栏前，用火筒对着猪笼吹吹气，说些吉利话。

养猪的古人

各地买卖生猪的风俗虽然不同，但目的却都是祈求养猪过程能够顺顺利利，毕竟养一头猪不仅要耗费时间，还要耗费不小的精力和投入，如果猪突然病死，那养猪户可就什么也得不到了。

从依靠大地采集粮食，到依靠自己驯养牲畜，这是人类社会的进步。随着社会经济的发展，人们的生活水平不断提高，采掘活动已经日渐减少，养殖活动则越来越专业化，与之相应的传统风俗有的已然消亡，有的则出现了新的变化，这也是一种社会发展的表现。

第四章

中华传统商业风俗

一、中华传统手工业风俗

千百年来，各行各业的手工业匠人们，追求生产技艺的专业化、精细化，并且严格遵守着行业的特定规矩，在这个过程中，便出现了很多具有特色的手工业风俗。

随着社会生产力的发展，我国手工业逐渐分化为许多细分行当，宋人吴自牧在《梦粱录》中提到了许多手工业行当，如油作、木作、砖瓦作、泥水作、石作、漆作等。下面，我们就从百货、建筑、五金这三个分类，来说一说中华传统手工业的风俗文化。

一、百货类行业风俗

百货类行业类目下，包含着许多细分的手工业，这些手工业多与人们的衣食住行有关，涉及人们日常生活的方方面面。

1. 裁缝业风俗

裁缝是我国的一种传统职业，最早可以追溯到轩辕氏，每年的农历七月二十三，裁缝业都会为轩辕氏做会，即"轩辕会"。

裁缝这门手艺，对手艺人眼和手上的功夫要求很高，衣不差寸、鞋不差分，裁是关键、缝在其次，裁缝匠人要根据不同人的身形量体裁衣，还要考虑布料的延展性和缩水性，才能进行裁剪。虽然是一种轻巧的手艺活，但其中的技术含量却是一点儿都不低的。

在手工业还未从农业中细分出来时，缝制衣物这种工作都是由普通百姓自己完成的，随着手工业分工的出现，裁缝才成为一门独立的职业。不同于影视剧中人们去裁缝铺挑选衣物，古代的裁缝更多是受人之请，前往对方家中缝制衣物。在接到邀请后，裁缝们还要看一看历书，如果当天不适合裁剪，那就改天再上门做活儿。

2. 陶瓷业风俗

陶瓷业也是我国的一种传统手工业，主要为人们提供各类生活用具。古代的陶瓷匠人们普遍信奉"窑神"，与冶铸业匠人们信奉"炉神"差不多，这些神多是舍身投窑之人被神话后的产物。除了"窑神"外，土地神、火神也是陶瓷业和冶铸业都会供奉的神祇。

一般在新窑建成后，陶瓷匠人们会在窑门前挂"窑神"画像，设香案，祭祀之后才可使用新窑。

在一些陶瓷业发达地区，往往会形成一些行会，许多行业习俗便都是从行会中传出来的。比如景德镇的瓷业风俗中，就包括行业规约、行业俗话、信仰崇拜、生产习俗等内容。

在生产风俗方面，景德镇从明代开始便对制瓷的各道工序进行分类组合，建立起了较为完备的行业体系和管理机构，比如：

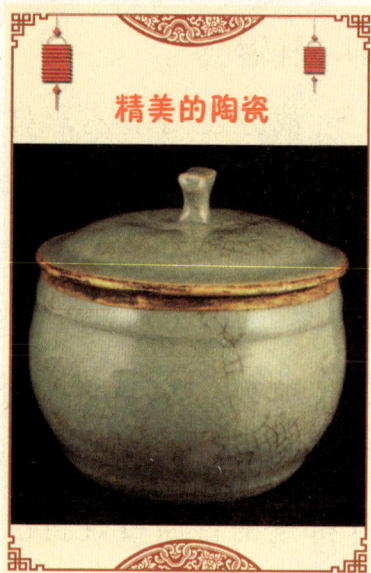
精美的陶瓷

"白土行"主要负责瓷土原料管理；"窑柴行"主要负责燃料管理；"红店"和"洲店"主要负责彩瓷业管理。

3. 酿酒业风俗

酿酒也被称为"淌酒"，整个行业供奉杜康为祖师，每年正月开门酿酒前，都要在作坊内烧香祭拜。当烧出初酒时，酿酒老板还要焚香点烛，献上贡品，让杜康祖师保佑这一年都能酿出好酒来。

一些酿酒业发达的地区，在每年正月，各家酒坊、酒厂还会联合举办"杜康会"，一方面是加强行业之间的联系，另一方面也是让酿酒工人们放松几天。一旦进入酒坊工作，工人们就必须要时刻遵循酒坊的规矩才行。

比如，酿酒工人不能在酒坊中吃饭，也不能将饭带到酒坊中，以免饭菜的味道影响了酒的味道。在酒坊中，"酸"字是万万不能提的，如果酿出的酒酸了，而老板又知道哪个工人在酒坊中提到了"酸"字，那这个工人可就要倒大霉了。但如果一定要说"酸"字怎么办呢？那就只能用"醋"字代替了。

4. 油坊业风俗

传统的油坊业在现代已经很少见了，只有一些乡村地区还存在一两处传统油坊。这是社会经济发展和技术进步的必然，现代化工厂代替了传统油坊，同时也在一定程度上冲淡了这一行业的一些传统风俗。

油坊业的祖师是尉迟敬德。据传尉迟敬德在从军前曾在油坊干过榨油匠，所以油匠们都以此为荣，每年冬春时节榨油前，除了祭拜财神外，还会烧香祭拜这位祖师爷。

农村的油坊一般都在秋后收割完庄稼后开工，而在春耕之前关门。相比于机械榨油，传统油坊中以石磨推汁方法所产的油品味道要更好一些。榨油之后剩下的油渣，则是饲养牲畜的上好饲料和种植农作物的上好肥料。

二、建筑类行业风俗

建筑类行业主要包括土、木、瓦、石等诸多行业，住宅民居、城墙宫殿、佛塔寺庙、陵墓石窟……这些建筑都是由建筑业匠人们以一砖一瓦一木建造出来的。不同细分行业的工匠们都拥有不同的手艺技巧，在发展变化中，也形成了有同有异的行业风俗。

在一些地区，整个建筑类行业都以鲁班为祖师，并会定期举办"鲁班会"。即使到了现代，也有一些老一辈建筑匠人会留存有鲁班画像或木雕，每到初一和十五都会在鲁班像前烧香。

1. 木工行业风俗

我国古代的木工行业根据具体分工不同，可以将工匠分为不同的类型，比如：专门在水上从事造船相关木工的木匠被称为"水木匠"，而在陆上干活的木匠则被称为"旱木匠"；擅长建筑房屋的木匠被称为"高木匠"，擅长在地面做木工的木匠被称为"低木匠"；擅长制作圆形器物的木匠被称为"团木匠"，擅长制作家具、工艺品的木匠被称为"细木匠"。

斧、锛、锤、锯、锉、刨、凿、拈、角尺、墨斗是木匠的十大件通用工具，木工行业中的风俗就多与这些木工工具有关。

比如，木匠在刨木板时，会在案子上钉一个卡子（牙子），俗称"鲁妻"。据传当年鲁班在推刨时，常让妻子帮忙压着木板，妻子为了能腾出手来干家务，便发明了牙子来替代自己。

又比如，在装配斧头时，斧头的柄不能装成满榫，以表示谦虚。拿着满榫斧头的木匠，很容易引起其他木匠的不满，从而给自己招来一些不必要的麻烦。

古代木匠对于工具的忌讳还有很多。比如，不准任何人从自己的工具上跨过去；不准妇女坐在案头上；睡觉时鞋子不能乱放；不能在特别的日子收工等。

2. 泥瓦行业风俗

一些地区的泥瓦匠也将鲁班奉为祖师，逢年过节便会祭拜一番。还有一些地区将有巢氏看作祖师，认为是他教民众建造房屋，开辟了泥瓦匠这一行当，因此每年的农历七月二十三日，泥瓦匠们便会为有巢氏做会，祈求祖师保佑自己多接活、干好活。

"洗手不干"是泥瓦匠们约

古代的瓦片

定俗成的一种行业风俗，古时候的泥瓦匠在早晨上工干活前和晚上收工后会洗手、洗脸，其他时间绝不会用水洗手。中午吃饭时，如果双手确实太脏，那也只能用软草或干布擦一擦，只要用水洗了手，那今天就不能再干活了。

3. 石匠行业风俗

石匠可以说是我国最为古老的行当之一，早在远古社会时，人们就通过打造石器来获得各种生产生活工具，随着社会的发展，砌墙、造桥、建房都成为石匠们展示技巧的重要舞台。

石匠们信仰的祖师主要有鲁班、女娲和盘古。信仰女娲为祖师的石匠认为，是女娲炼石补天才开创了石匠行业；而信仰盘古为祖师的石匠则认为，在盘古开天地后，就有了石头和石匠。

石匠行业的风俗多是围绕其信仰形成的，浙江地区的石匠在造桥前，会先在桥前摆好供桌，放上三牲和酒菜祭品，在祭祀时还要口念吉利话，而后才能动工。当桥建成后，石匠还要摆"圆桥酒"。

一些地区的石匠崇拜山神，会在正月初一或初二敬山神，带领全家老小到山神庙或采石地区烧纸磕头。在祭拜完成后，每个人还要用锤子在石头上敲几下，表示获得了山神的许可，可以开山打石了。

三、五金类行业风俗

五金类行业主要指与金、银、铜、铁、锡等金属有关联的行业，这些行业的从业者在古代主要是铁匠或小炉匠，还有一些冶铸匠人可以利用各类金属打造各种工艺品。

大多数铁匠信奉的祖师是李老君（老子或太上老君），也有一些铁匠信奉女娲或其他神话人物为祖师。江苏地区的五金匠人们会在每年的农历二月十五日为祖师李老君做会，这前后三天时间，匠人们都不能烧炉动锤。

除了为祖师祝寿做会，铁匠行业还会每年择日举行"正会"，届时一个地区整个行业的匠人们都要聚集到一起，聆听辈分最高、手艺最好的老师傅"训话"。老师傅的训话通常会被称为"立规矩"，有的老师傅会说些不忘祖师恩德、不得违反行规的话，有的老师傅会说要尊师重义、师徒和睦的话，有的老师傅则会重新讲一讲行规行俗。

铁匠行业的行规行俗既多又严，涉及铁匠工作的各个方面。比如，为了表示对李老君炼丹炉的尊重，所有的铁匠都要把炉子放到门的左前方，俗称"上首"；当老师傅用小锤敲击砧子时，小徒弟就要马上跑到炉前待命，师傅用小锤打哪里，徒弟就要拿着大锤敲哪里。

在职业交往方面，铁匠们也有一套约定俗称的行规。比如，铁匠间通常不会私自看别人打造的器物，除非打造者本人主动请对方看，要求指教；外地来的铁匠想在当地支炉开业，需要先拜访当地同行征得许可，否则很可能会惹上一身麻烦。

在行外交往方面，因为铁匠的职业地位要比其他工匠稍微高一些，所以多会受到其他行业匠人的礼遇。因为同样都信奉李老君为祖师，道士和铁匠的关系相对融洽，道士到铁匠门前要主动问好，铁匠不仅要给道士些钱，还要主动留对方吃饭。

二、中华传统服务业风俗

中华传统服务业并不像现代服务业那样类目繁多，在千百年的发展演变中，这些传统的服务业有的已经消亡不见，有的则在新时代焕发了新风貌。

在诸多传统服务业中，饮食服务、医疗保健和丧葬服务这些行业，正是从传统中来，走入新时代的典型代表，下面我们便了解一下这三大类传统服务业下细分行业的风俗文化。

一、饮食服务业风俗

古代的饮食服务业并不等同于现代的餐饮业，其既包括餐饮服务，也包括食品原料加工和供应服务，所以其可细分的类目是相当丰富的。从事着不同饮食服务工作的人们，在工作过程中所遵循的那些必要的规范准则，在漫长的历史发展进程中，便发展成了各具特色的风俗文化。

1. 屠宰行业风俗

屠宰行信奉地藏王菩萨是自己的祖师爷，每年农历七月三十日，全行业的人都要到地藏庙烧香求保佑。

因为是杀生行业，屠宰行的一些风俗规矩与其他行业会有些不同，比如，大多数行业都会在正月初五开门营业，而屠宰行却不在初五，而是在初六才营业，可能是怕自己手中的屠刀吓到财神爷，影响自己一年的生意。

在宰杀牲畜时，屠夫们也会对自己做一些心理建设或心理安慰，比如有的屠夫会说"猪是人间一盘菜，宰杀神不怪"，有的屠夫会说"杀猪打狗，赚双好手冬天不冻不裂口"。

屠夫在宰猪时，如果遇到"五爪猪"，那是万万杀不得的，因为屠夫们认为这种猪是人转世投胎而来的。但实际上，这只是一种比较常见的生物变异现象，这种猪只是外形出现了变异，并不会给屠夫带来厄运，其肉也是可以正常食用的。

2. 饮食行业风俗

饮食行业普遍尊崇伏羲氏为祖师，也有的地区会崇拜雷公或火神，在一些特定的日子，饮食行业从业者尤其是酒楼饭店的老板，都要到雷公庙或火神庙去烧香祭拜。

饮食行业的行规行俗有很多，一些古代饮食业风俗到现代依然存在。拿最基础的迎宾来说，古代饮食业的迎宾服务非常周到，店堂内外都有人招呼。客人进门时，店堂外的茶房会高呼"客来了，里面看座"；紧接着，店堂里的茶房也跟着高呼"请看座"；一番招待后，客人点完菜，跑堂的也要高声呼喊客人点了什么饭、什么菜、口味如何；厨房按照客人的要求炒好菜后，便会敲炒勺，通知跑堂的准备上菜。

古时候的高档酒楼还会提供"外卖"服务，宋朝时想要点"外卖"，需要自己亲自到酒楼预订，说清楚所需菜品和时间，留下自己的居住地址，时间到了，送"外卖"的伙计就会赶到你家门前，与现在的外卖服务基本没什么差别。

当有客人在饭馆就餐时，无论多晚，老板都要陪着，客人还在吃饭便张罗打烊，催促客人快走，是非常不礼貌的行为。

二、医疗保健业风俗

古代的医疗保健业既包括医疗保健服务，也包括生活卫生服务，医药业可以算在其中，理发业、浴池业、环卫业也可以算在其中。

1. 医药行业风俗

医药行业从业者信奉的祖师和神祇有很多，像扁鹊、华佗、孙思邈、李时珍这些神医，像伏羲、神农、黄帝这些神话人物，都是医药从业者尊崇的对象。在古代乡村，医生的地位是非常高的，民众对医生都十分尊敬，认为他们为人治病是在行善积德。

古代的医生通常有四种行医方式，有的人"只医不药"，有的人"自医自药"，有的人"坐堂问诊"，有的人"外出行医"。不同的行医方式有不同的规矩讲究，也形成了各不相同的行业风俗。

"只医不药"的医生多为乡村中会看病但不卖药的医生，他们有一定的医药知识，懂一些偏方和治疗方法，可

以帮助村人解决一些常见疾病。这类医生在村子中的声望是非常高的，逢年过节都会收到村人赠送的礼物，去到哪里都会被人奉为座上宾。

"自医自药"的医生通常有自己的小药铺，大多数古代医生都属于这一类。看病时就去病人家看病，不看病时就去山上找药草。因为药铺的药多是自制，所以在收费上医生会视情况而定，一般遇到贫苦人家看病，就少收或不收钱，遇到富贵人家看病，就适当多收些钱。

"坐堂问诊"的医生多在经济发达的皇都、城镇行医，药铺老板会聘请这些名医坐堂为病人免费诊治病情，没病便无须开药，有病就要依据名医的方子，去名医指定的药铺抓药。生意做成后，药铺老板再根据卖出的药钱提成给医生。

"外出行医"的医生手拿摇铃，肩背药囊，走街串巷，兜售各种药方。这之中有许多没有一点儿医学知识的行骗之徒，靠卖假药骗钱，但其中也有真正有才学的人，他们的医术和药方也并不比坐堂名医的差。

2. 理发业风俗

理发业所信奉的祖师也不少，北方地区的理发匠多信奉罗祖，而南方大多信奉吕洞宾。每到祖师生日时，各地的理发匠人们便要为祖师做会，烧香祭拜。

　　在诸多行业中，理发业匠人的地位算是比较低的，其他行当的匠人多会小看理发匠人。但在理发匠人眼中，理发业是三百六十个行当中排第一的，就连皇帝都给理发匠人赐了一个"半副銮驾，小执事"称号，理发匠挑着的剃头担也是内藏玄机的。

　　据说，理发匠人的刀布是皇帝御赐的小皇旗；磨刀石是韩湘子在洛阳桥上拿来的"洛阳桥青石"；剃头担三尺六寸二厘长，正应了三十六天罡、七十二地煞之数，被称为"量天尺"。

3. 环卫业风俗

　　我国古代虽然没有"环卫"的概念，却有专门打扫街道、收拾卫生的"城市美容师"。《周礼·秋官》中提到的"狼氏"便是我国古代专门负责环境卫生的机构，而在"狼氏"中工作的"条狼氏"则是专职打扫城中垃圾的人。

　　到了宋代，专门管理城市环境卫生的机构变成了"街道司"，除了清扫街道的环卫工人，还出现了专门倾倒粪便的"倾脚头"，他们会定期清除各家各户的粪溺，然后再将其运到农村卖作肥料。

　　一般从事清粪行业的工人，都很忌讳说"臭"字，即使小孩子无意中说了一声"臭"，也是会受到大人责骂的。

三、婚丧服务业风俗

婚丧服务业主要是对红白喜事相关行业的统称，中国人自古重礼节，对于红白喜事也是颇为讲究，这之中的规矩习俗也是种类繁多，很多婚丧风俗即使到现在，也依然被后人传承、发扬。

1. 仪仗行业风俗

现代的婚庆公司只能办好喜事，却没办法承办丧事，古代的仪仗行业却不然，它们既能办喜事，也能办丧事。

在一些讲究排场、需要露脸的场合，都会有仪仗队的身影，尤其是红白喜事时，更是不能缺少仪仗队来烘托气氛。活动类型的不同，仪仗队后面跟的队伍也会有所不同，如果是去迎亲，那仪仗队后面就要跟着大红花轿和小乐队；如果是去致祭，则会有亲友拿着花圈和挽联跟在仪仗队后面。

有些仪仗队是自带乐队的，乐队中的吹鼓手主要由唢呐和锣鼓组成，在各类行业匠人中，吹鼓手的地位与理发匠人差不多，都相对较低。有顺口溜形容吹鼓手说"吹鼓手，把门口，吃冷饭，喝冷酒，来客了，抱着家伙就动手"。

2. 茶行风俗

在古代婚丧活动中，茶行主要负责安排婚丧礼俗和茶酒的工作，一些地区会将这两项工作分为掌礼业和茶担业。

从掌礼这一业务便可知，茶行多以周公为祖师，依照周公制定的典章制度行事。在一场婚礼中，从喜轿到门、出门，到宾客坐席，都需要有茶行人员打点。

茶行和厨行的关系是较为密切的，在红白喜事时，普通人家通常会用到"口子厨行"，也就是请大厨到家里做菜，现在农村的流水席很多便是如此。待主人家交代完席面样式后，"口子厨行"便可以根据要求去做菜了，这时茶行人员便可以与厨行人员沟通如何布置婚丧宴席了。

3. 杠房业风俗

杠房业是老北京的一个大行业，主要负责棺材的出售和抬埋。在"三百六十行"中找不到这个行当，所以其又有"行外行"之称。

杠房中的杠夫并不都是全职工作，很多杠夫闲着时，还会到其他地方赚些钱，一有丧事要抬棺时，便再回到杠房。虽是兼职，但杠夫们在抬棺时却非常专业，所有杠夫被分为目、旗、幌、跟、夫五级，各有不同的工作安排。

除了接一些普通百姓人家的单子，杠房还要随时听候官府差遣，每当官府处决犯人时，便要及时进行掩埋。如果平时遇到无名野尸，有些杠夫也会义务将其掩埋。

三、中华传统贸易风俗

商业贸易是人类在长期生产生活过程中形成的一种社会活动形式，其最早可以追溯到原始社会时期。在第一次社会大分工后，物物交换开始出现，相应的商业贸易风俗也开始逐渐形成。

社会分工促进了商业贸易的发展，我国古代虽然推行重农抑商政策，但各个朝代的商业贸易却依然随着社会经济的发展而日益活跃。

在中华传统商贸活动中，店铺贸易、集市贸易、行商贸易是几种较为常见的贸易活动，在不断发展过程中，这些商贸活动也形成了一些相应的贸易风俗。

一、店铺贸易风俗

店铺是相对于行商而言的，所以又可称为"坐商"，大一点的店铺可以叫"店""庄""行""栈"，小一点的则可以叫"铺"或"铺子"。一般来说,"庄"多是批发商品的商店,而"店"则更多是规模不等的零售商店。

店铺的风俗讲究从"挂招牌"开始,店铺的招牌一旦挂出去,就不能再随便拿下来,不然是很不吉利的。

挂完招牌就要张罗着开张,这种喜庆的大事,自然是要请算命先生选个吉日的。如果一时半会儿找不到个吉日,那就只能"先行交易",等吉日到了之后,再行开张之礼了。开张当天,店家要烧香敬神,有时还会搞一些热闹的活动。

在日常经营中,店铺也有一套约定俗成的风俗。比如,有的店家在早晨开门前,会先晃几下算盘,正所谓"算盘一响,黄金万两"。

在招待客人时,有的店铺也有自己的一套规矩。比如,一些店铺规定店员不能一见到顾客就问对方要买什么,而是要先陪着对方绕上一绕,再找机会开口询问;在为顾客取货品时,不要一上来就给顾客拿最好的货(高价格的货),要先拿中等偏下一些的货品,顾客若不满意,再拿好的货品过来,以免好货太贵,顾客买不起而显露窘态。

过年过节时,店铺最重要的活动便是"敬财神",根据店铺规模的不同,各家店铺"敬财神"的方式也多有所不同。

规模稍大一些的店铺，会专门设置"财神堂"，这里常年都摆放着香案，供奉文武财神的画像，如果地方足够大，店家还会将福、禄、寿、喜、财等各个神仙都供奉一遍。如果店铺的规模比较小，店家就只能在某个闲置的墙角贴上一张财神画像，摆上香案香炉供奉。

大年三十晚上，店家要在"财神堂"中烧香祭拜；年初一时，则要行仪式把财神"接"到"财神堂"中，一直到正月初五，财神像前的香烛都要昼夜不熄才行。一些地区认为初五第一个登门的顾客便是"财神"，不论其消费多少，都要热情招待，并给予折扣或馈赠礼物。

年节期间，一些店家还会对店员进行调整，店家通常会摆上一桌酒席，哪位店员受到店家的特别招待，那这位便是要被辞退的店员。一些地区的店家会在酒席上放一盘鱼，鱼头对准谁，谁就会被辞退；如果鱼头对着的是店家自己，那就是没有店员要被辞退。

我国古代的一些店铺贸易风俗，在现代商店中已经不太常见了，但在尊重顾客这方面，许多现代店铺依然保有着古代店铺的"待客之道"。

二、集市贸易风俗

集市贸易是商贩与顾客在固定时间、固定地点进行商品交换的活动，庙会、早市、（大）集是其主要表现形式。即使在现在，赶庙会、赶年集、逛早市也是人们非常热衷的商贸活动，这些活动在发展过程中，也形成了一些特定的风俗文化。

1. 庙会风俗

庙会是集市贸易活动中规模较大的一种集会，商品交易只是这一集会的一项功能，娱乐、祭祀、人际交往等功能，也可以在这一集会中实现。

庙会的周期有长有短，长的有数十天的，短的也有一两天就结束的。在庙会上，各种商品应有尽有，从农副产品到日用百货，从祭祀用品到民间工艺，从衣服布匹到风味小吃，其热闹程度远非集与市可比。

一些出于特定目的所举办的庙会，会有专门的祭祀、表演活动，赶上某些特殊时节，还会有新鲜的节令食物供游人选择。

这些特色活动在现代庙会中也依然存在，可以说，庙会早已从简单的商贸活动，变成了一种具有节日性质的民俗活动了。

2. 集市风俗

集（市）是有固定地点和日期的贸易活动形式，通常会设置在百姓往来方便的地点。集的时间安排，在不同地区有不同的规定，一般会考虑百姓的工作与休息时间，有的地区会在每月逢一、四、七日开集，有的地区会在每月逢二、五、八日开集，有的地区则会在每月逢三、六、九日开集。如果一个地区有多个集市，那么几个集的开集时间多会相互错开，以方便商贩赶场、百姓赶集。

大多数集都有特定的名称，有的集以所在地命名，有的集则会用出售的主要商品命名，有的集还会用某些地区的代表动物来命名。比如，隋唐时期，我国四川地区便出现了很多草市、蚕市和药市；宋朝时，农村地区集的数量更多，就连那些经济落后地区，集也都随处可见。

相比于大集，小市在各个地区要更为常见一些。早市、晚市、夜市，可以说，只要人们想逛，随时都能找到小市。北宋文学家孟元老在《东京梦华录》中，便记载了宋代夜市的繁华景象，各色风味小吃、各种趣味活

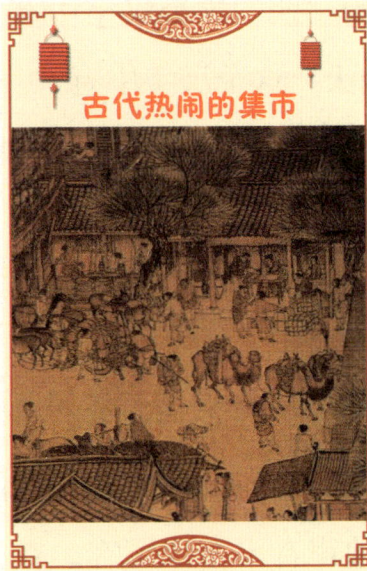

古代热闹的集市

动，大大丰富了当时人们的社会文化生活。

到了近现代，集市活动依然丰富，一些传统的集市风俗也流传了下来。比如，在集市上与商贩讨价还价时，不能大声叫嚷，在袖口内或是背着他人"摸指言价"才是正确的做法。古代时的宽袍大袖，可以很好地掩盖手势动作，通过这种方式与商贩讲价，既不会影响商贩后面的生意，也为商贩降价提供了空间。这一点即使在现在也是如此，如果在商场中当着其他顾客的面与商家讨价还价，那这个价很大可能是讲不下来的。

一些地区的集市除了有这种讲究外，还会有一些特定的数字隐语，也就是用汉字来代替数字。

比如，有的地区的商贩会用"西"代表"一"，因为"西"这个汉字中有"一"；用"天"代表"二"，因为"天"这个汉字中有"二"。

有的地区的商贩会用"士"代表"一"，因为"一"的汉字大写"壹"中有"士"；用"贝"代表"二"，因为"二"的汉字大写"贰"中有"贝"。

三、行商贸易风俗

行商就是走街串巷的小贩，他们会用吆喝声或一些其他声音来招徕顾客。在孟元老的《东京梦华录》中，宋代小贩的吆喝声可以算是当时的一种特色，卖花小贩的吆喝，就像唱歌一般动听，很是引人关注。

清朝光绪年间，小贩的吆喝虽然没那么动听了，但却也是十分有特色的。比如，卖桃的小贩会吆喝"樱桃嘴的桃呕嗷噎啊……"，卖枣的小贩会吆喝"枣儿来，糖的咯哒喽，尝一个再买来"。

虽然随着城市化进程的推进，走街串巷的小贩已经不多了，但这种吆喝的风俗却并没有消亡。借助于扩音喇叭，小贩们将编好的吆喝录入其中，既能省了嗓子，又可以将吆喝声传得更远。

除了吆喝声，走街串巷的小贩还会利用一些器物的声响来替代吆喝声，售卖不同商品的小贩会使用不同的器物声响代替吆喝，以此来与其他小贩区别开。

比如，清代道光年间，修脚小贩所摇折叠凳，名为"对君坐"；理发匠会用响铁作声，名为"唤头"；行医会摇铜铁圈，名为"虎撑"；卖油的小贩会敲小锣，名为"厨房晓"；卖零食的小贩会敲小木梆，名为"击

货郎挑担

馋"。如此，人们辨别出器物的声音，便知道是哪个小贩来了。

到了近代，货郎成为行商的主力，他们挑着一个货担，手拿小鼓，走街串巷，深受小孩子们的喜爱。

不同地方的货郎肩挑的扁担也有所不同，山东地区货郎的担子一头设架，可以挂各种货品，一头为货箱，用来盛放各种货品，如果想要就地设摊，把货品拿出来后，货郎还可以坐在货箱之上；山西地区货郎的担子像餐盒一样，是一个多层柜子，柜子上有几层抽屉，最上层抽屉顶部是透明玻璃，顾客可以透过玻璃看到货品。

货郎们卖货摇鼓有一定的规矩，上庄和出庄都要连摇三次，正所谓"三上庄、三出庄"，进庄之后摇鼓，便要"两短一长"，发出有节奏的声响。货郎是可以挑着担子进到买主家中的，但当买主挑选货品时，货郎只能低头卖货，不能四处张望。

第五章

中华传统婚丧风俗

一、中华传统诞生风俗

无论是古代，还是现代，中国人都对生命充满热爱，新生儿的到来对于整个家庭、整个家族而言，都是一件喜庆的事情。千百年来，中华民族生生不息，传统的诞生风俗便随着一代又一代中华儿女而传承下来。

中国人的传统诞生风俗并不仅仅是新生儿诞生之时的风俗，其还可以向前或向后延伸，古时候的求子风俗，以及庆祝生日的风俗，都是中华传统诞生风俗的重要组成部分。

一、求子风俗

多子才能多福，这是古代中国人的普遍心理，为了能够实现这一点，很多古人在平日里便行善积德，他们认为自己的善行会荫及后代。

　　在行善积德之外，古人在婚礼仪式时也会加入一些求子的仪式。比如在一些地区，出嫁的花轿中不仅要有新娘，还要有一个陪同的小男孩，这种"压轿"仪式，是祝愿新婚夫妇能早生孩子；还有一些地区在铺婚床时，会找一位儿女双全的妇女，一边铺床，一边念着"铺床铺床，儿孙满堂，先生贵子，后生女郎"之类的词。

　　相比于结婚之前，结婚之后的求子风俗要更为多样，如果新婚夫妇迟迟没有生孩子，那一家人就要想着办法去"求子"了。

　　向神明求子是最为常见的做法，女子亲自前往送子观音庙，烧香祈求，同时向庙中布施，然后再用红绳拴住自己满意的童子，如果日后成功得子，那女子还要来庙中还愿。一些有同样求子意愿的女子还会结成"乞子会"，一同向神明祈愿。

　　除了向神明祈愿，还有一些地区会"偷"一些象征物送到求子女子家中，意为"送子"。这些象征物既可以是街坊邻居去"偷"，也可以是女子自己家人去"偷"。

　　在中秋之夜，"偷瓜送子"是很多地区都有的求子风俗。陕西地区会送"南瓜"，因为"南瓜"和"男娃"读音相近；武汉地区不会送南瓜，而是送"葫芦"，似乎是觉得葫芦里面能孕育出娃娃来；南方地区普遍会送"灯"，有"送丁"之意。

女子怀孕并不意味着求子活动的终结，女子怀孕期间的一些风俗，其实也是围绕着孩子的。我国各地民间都形成了一系列女子怀孕时的风俗与禁忌，涉及孕妇饮食起居的方方面面。

在饮食方面，我国古代对孕妇饮食的禁忌多源于巫术观念，缺少科学理论的支撑，比如一些地区的百姓认为孕妇吃桂圆、鸡蛋这类食物能让孩子变得健康漂亮，只是因为它们的外形和颜色比较好看。而不让孕妇吃螃蟹，则是担心孩子会长出螃蟹那么多的手脚来，其实从科学角度来讲，不让孕妇吃螃蟹是因为这种食物过于寒凉，不利于胎儿的生长发育。

在行为举止方面，有些地区禁止孕妇坐在绳子上，否则生孩子时肠子便会盘在孩子身上；有些地区认为孕妇不能在别人娶亲时做伴娘，因为新婚和怀孕都是喜事，两喜相冲，不吉利。

可以看出，这些围绕着孕妇的风俗禁忌，大多没有什么科学道理，只是一些与求子"心诚则灵"观念相当的风俗。在现代社会，这些缺乏科学依据的观念大多已经被淘汰，无论是求子，还是怀孕，人们都应选择专业的医疗机构进行专业检查，科学可是要比"心诚则灵"管用得多。

二、诞生风俗

相比于求子风俗的消亡，传统的诞生风俗却有很多都流传了下来，比如临盆、坐月子、满月等。新生儿诞生为整个家庭带来的喜悦，对于每一个中国人来说都是异常深刻的。

1. 坐草

古时候女子分娩被称为"坐草"，因为条件有限，女子在分娩时，要在炕上或地上铺谷草，然后还要准备一捆草让分娩女子背靠。按照这种方法，婴儿生下来落在草上，便是"落草"。要注意的是，这个"落草"可不是"落草为寇"进山做盗贼。如果条件好一些，将孩子生在盆子中，那便是"坐盆""临盆"，近代时多以"临盆"来指称女子分娩。

2. 报喜

在孩子生出来后，男子要去岳父家"报喜"，根据情况，可以选择分娩当天或之后两天去。"报喜"并不能空着手去，男子需要拿一些礼物，这些礼物也并

古人的报喜风俗

不是简单的礼物，而是能够传递生男生女信号的礼物。

比如，有的地方男子会拿煮熟的红鸡蛋去岳父家，如果是拿了单数个鸡蛋，那便是生了男孩；如果拿了双数个鸡蛋，那便是生了女孩。有的地方男子会拿一壶酒，生了男孩就在酒壶上拴红绳，生了女孩就在酒壶上拴红绸。

3. 洗三

在孩子出生第三天时，古人会为婴儿举行沐浴仪式，一方面是为了洗除污秽、消灾减难，另一方面也是图个吉利，祈求福气。

给孩子洗澡的水中会加入艾草、菖蒲之类的中草药，浴盆之中还要放一个鸡蛋和一些金银饰物，在为孩子擦洗身体时，还要念一些"长命百岁"之类的祝词。

这一天亲朋好友会纷纷前来送上祝贺，主人家则要摆宴款待，俗称"做三朝"或"三朝酒"。也有一些地方会选择在孩子出生的第九天或第十二天设宴，称为"做九朝"或"大三朝"。

4. 坐月子

刚生产完的女子需要休养一段时间，也就是产后一个月的"坐月子"。在这段时间里，产妇在饮食上会非常讲究，家人多会为产妇准备一些滋补食品，不同地区在"坐月子"上还有不同的风俗和禁忌。

比如，产妇"坐月子"一般忌见生人，以防止生人冲克；自家亲人在进入产妇房间时，也最好不要带铜铁之器，以免带来刀剑之灾；在产妇的门前通常会贴各种"门标"，有用红布串铜钱的，有在门上贴"喜帖"的，各种各样的符咒都是为了起到驱邪避灾、保佑婴儿的作用，实际上并没有科学依据可循。

5. 满月

新生儿在出生满一个月时，需要举办"满月酒"，这一风俗直到现在也依然存在。这一天亲朋好友要带着礼物来送祝福，主人家则要摆酒席款待。一些地区在给孩子办"满月酒"时，要吃红鸡蛋、红肉，卧室里还要挂红门帘，取"满堂红"之意；一些地区则流行给小孩戴狮虎帽、穿狮虎鞋，蒸面老虎。

新生儿满月后，产妇也就可以出"月子"了。有的地区婴儿满月会剃胎发，理发匠还会用红鸡蛋在剃完胎发的婴儿头上滚一滚，俗称"滚头"，边滚还要边为孩子送上祝福。出了"月子"后，产妇和婴儿便可以回娘家居住一段时间，让娘家的亲朋好友见一见刚出生的孩子。

三、生日风俗

我国古代的生日意为诞生日或诞辰，老人的生日通常

称为寿诞。早在先秦时期起，我国便有庆贺生日的风俗，
《诗经》中许多与祝寿相关的词句，所述便是在庆贺生日，
比如"如南山之寿，不骞不崩""跻彼公堂，称彼兕觥，
万寿无疆"，这些都是为他人祝寿所述词句。

1. 周岁

周岁是人的第一个生日，这
一天古人通常会举办"周岁酒"，
亲朋好友会前来为孩子送上祝
福，"虎头鞋""百宝衣""银
锁""项圈"，这些都是可以送给
孩子的周岁礼物。

"抓周"是周岁时用来测试
小孩子未来的志向和心性的仪
式。在"抓周"前，需要先给小
孩子洗澡穿新衣，而后再在小孩面前摆上各类玩具、生活
用品，像是文房四宝、琴棋书画之类的，只要是有寓意的
物品，便都可以让孩子挑选。

小孩子可以任意抓取面前的物品，大人会根据孩子抓
取的物品，来判断其将来的志向和前途。比如抓到书本，
那说明孩子长大是读书的材料；抓到炒锅，那说明孩子将
来可能会成为一名厨师；抓到零食，说明孩子可能是个

"小吃货"……其实，每样物品的寓意都是人们一厢情愿所赋予的，现代家庭更多将"抓周"当成一种娱乐，而并不会真的以此来为孩子确定未来。

2. 寿诞

我国古人"过生日"的风俗从唐代开始盛行，为他人祝寿更成为人际交往的重要途径。到了明清时期，为老人祝寿的风气更为盛行，一些官吏甚至将其作为搜刮钱财的重要手段。

老人办寿诞时，通常由子女设宴，并出面邀请亲朋好友。接到邀请后，亲朋好友需要带着各式贺礼前来祝寿，有的人会带着寿匾、寿联，有的人会带来寿面、糕点，有的人会带一些当地特产，而现代人祝寿通常会直接奉上礼金。

老人过寿诞要吃"寿面"，寿面的面条要尽可能长，最好是整碗面就是一根面条，这样才有"长寿"的寓意。

除了周岁和寿诞外，本命年"扎红"也是一种生日风俗。无论是大人，还是小孩，在本人属相年内，尤其是过生日当天，必须要"扎红"，也就是穿上红背心、红裤衩，扎上红腰带，以此来驱邪避灾。现在很多地区依然有本命年"扎红"的风俗，只不过"扎红"的时间多在除夕当天，并非生日当天。

二、中华传统成长风俗

成长是每个人都要经历的人生环节，古人重视诞生礼俗，也重视成长礼俗，尤其是在孩子成年时，必要的礼俗更是绝不能少。

在中华传统成长风俗中，"男冠女笄"是最为重要的一项成年礼俗，但其实，从出生到成年这段时间中，还有一些其他的成长风俗，直到现在也依然存在。

一、成长风俗

成长风俗主要是围绕儿童健康成长形成的一系列风俗文化，在我国不同地区，对这些风俗有不同的偏爱和取舍。总体而言，取小名、佩饰物、认干亲是几种较为常见的成长风俗。

1. 取小名

小名就是乳名、奶名，多在儿童成年前使用。我国民间认为人名越贱（简单）越好养，所以区别于大名，会为孩子起一些好称呼的"小名"。

本着"怎么好养怎么取"的原则，我国民间为孩子取小名时多会选择一些土、俗、贱的称呼。比如，一些父母会给孩子取石头、柱子、铁蛋之类的小名，因为这类物体都比较结实；还有一些父母会给孩子取狗娃、狗剩、二狗之类的小名，因为这种动物比较好养活。

在为孩子取小名时，有的地方是父母直接选定，而有的地方则会讲究一定的方法。比如，我国河南一些地区，父亲在孩子出生后的第一个早晨出门，最先碰到谁，就让谁给自己的孩子取小名。

2. 佩饰物

给孩子佩戴饰物，主要是为了祈求老天保佑孩子健康成长，常见的饰物主要是项圈和锁，其寓意是将孩子的生命圈住、锁住，不让鬼怪妖邪夺走。

小孩子佩戴的项圈多是银质的，一些地区将这种项圈称为"狗圈"，其用意与为孩子取小名一样，是希望孩子能像狗一样拥有顽强的生命力和适应力。

小孩子佩戴的锁又称"长命锁"，有金锁、银锁、铜锁、铁锁的差别。"长命锁"上面通常会刻字，有"长命百岁""富贵如意"等；也有的"长命锁"上会镌刻一些龙、虎、寿字的图案。

一般来说，"长命锁"会戴到孩子十二岁才摘除，而那些用红线或五色线编成的线锁，则要每年更换一次，到孩子十二岁那年便可以直接摘去，不再更换。

3. 认干亲

我国民间"认干亲"主要是为了让子女获得额外的庇护和福荫，在不同地区，"认干亲"也有不同说法，像是"寄宝""认义""拜保爷""认干爹"等。

在"认干亲"时，小孩由父母带领前往受拜人家，小孩先要以子孙之礼祭拜其祖先，而后还要以父母之礼向干亲（干爹干妈）问好。小孩拜礼之后，干亲需要回赠衣服等礼品，有些地区会赠给孩子碗筷。礼成之后，逢年过节时，孩子的父母亲都要为其干亲送上年节礼品，以示感谢。

在"干亲"对象的选择上，不同地区也有不同的风俗。有的地区会将孩子寄拜给满月出门遇到的第一个人；有的地区会将孩子寄拜给当地有威望的人家；有的地区则会将孩子寄拜在乞丐名下，认为他们的命足够硬，可以给孩子带来好运。

除了上面提到的这些风俗，我国民间的成长风俗还有很多，比如有的地方为了防止男孩夭折，会在每次理发时都保留脑袋后面的一撮头发，称为"百岁毛"或"后扯辫"。还有一些地方认为，小孩乳牙脱落后，下牙要扔到房顶上，上牙则要扔到地上，这样再长出来的牙才能齐整稳固。

二、成年礼

"男冠女笄"是我国古代的成年礼俗，女子行笄礼的流程与男子行冠礼相似，只不过是用"簪子盘头"来替代男子加冠，相对来说，男子冠礼的仪式是颇为复杂的，而女子笄礼的仪式则要稍微简单一些。

1. 冠礼

男子行冠礼，先要择吉日，告知亲朋。行冠礼当日，主持人需要为成年男子三次加冠，第一次加缁布冠，第二次加皮弁，第三次加爵冠，加冠完成后，还需要为男子取字。一系列流程结束后，加冠的成年男子还要拜见尊长和在座宾朋，至此，冠礼方成。

《礼记·曲礼上》说："人生十年曰幼，学；二十曰弱，冠。"这是说男子一般在二十岁时需要行冠礼。《礼记·内则》中提到"十有五年而笄"，这是说女子一般在十五岁时要行笄礼。

其实，关于男子行冠礼的年龄，古书上的说法并不止这一种，也有说法认为，唐代普通人家的男子一般在二十岁行冠礼，卿大夫人家的男子过了十五岁便可行冠礼，天子诸侯家的男子到了十二岁就能行冠礼。如此看来，行冠礼的年龄还与男子的家庭社会地位有一定的关系。

现代社会已经没有行冠礼的风俗了，但对于孩子成年这件事，大多数家庭还是比较重视的。在冠礼消亡之后，一些其他成年礼俗在我国民间流行起来，有些风俗到现在也依然存在。

2. 开锁

如果孩子是戴锁（佩饰物的成长风俗）长大的，那当孩子到十二岁时，需要为孩子举行开锁仪式，以表示孩子已经长大成人了。

我国一些地区在为孩子戴锁时，通常是由孩子的干亲出钱的，所以在为孩子开锁时，也需要由干亲出面，用一把钥匙象征性地打开孩子脖子上的锁。

3. 理发

成年礼俗中的理发并不是简单的理发，而是要为孩子剪掉留在脑后的那撮头发。因为从小就保留着这撮头发，到孩子十二岁时已经扎成了长长的辫子，这时候将其剪掉，也代表着孩子已经长大成人，可以自己保护自己了。

三、中华传统婚嫁风俗

婚嫁是一个人一生中的大事，这之中的风俗礼仪自然也少不了，订婚、结婚、婚后生活，每个环节都有相应的礼仪风俗。

从古至今，婚姻都是中国百姓社会生活中的重大事件，似乎没有哪件事可以与这件"终身大事"相提并论。千百年来，中国社会发展出了丰富的婚姻礼仪和风俗，从古至今，这些礼俗影响着一代又一代人。

我国古代婚姻讲究"六礼"，即纳采、问名、纳吉、纳征、请期、亲迎。

"纳采"是男方对女方有意后，请媒妁带着大鹅（古代男女婚礼中的"雁"便是现代的"鹅"）去女方家转达心意，若女方同意，则收下男方送来的礼物；"问名"是男方向女方询问名字及生辰八字，为"纳吉"做准备；"纳吉"是以占卜方法算这段婚姻是否吉祥；"纳征"是交纳聘礼确定婚姻的程序；"请期"是男方选取结婚吉日请求女方同意的程序；"亲迎"是男方亲自去女方家迎娶新娘的程序。

汉唐时期，我国的婚姻礼制基本以"六礼"为主，但在具体实行时，也会有一定的出入。到了宋代，"六礼"被合为"四礼"，"问名"被并入"纳采"之中，"请期"被并入"纳征"之中。

到了近代，我国的婚姻礼俗也随着社会发展发生了一些变化，不同地区的婚姻风俗也呈现出了不同的特色。

一、订婚风俗

相比于现代男女订婚，我国古代的订婚风俗要复杂一些，或者说要麻烦一些，很多时候，这个过程是由媒人作为中介去完成的。

正所谓"无媒不成婚"，媒人在我国传统婚姻制度中是一个非常重要的存在，只有经过了"明媒正娶"的婚姻，才是正式的婚姻。我国古代有专门的媒人，近现代的媒人则多是街坊邻里中能说会道的妇女，她们走街串巷为人牵线搭桥，事成之后不仅能获得双方的感谢，还会获得一份丰厚的谢礼。

1. 议婚风俗

经过媒人介绍后，男方若对女方有意，便可以准备议婚了。一个完整的议婚环节可以分为提亲、合婚、相亲等几个程序。

"提亲"指的是男方家长委托媒人或亲友向女方家传达结亲的意愿，如果女方同意男方的结亲请求，便可以继续推进议婚；如果女方不同意，那议婚也就到此为止了。

"合婚"是女方同意男方的结亲请求后，男方家托媒人去女方家取来写有女方姓名和出生日期的庚帖，再交由算命先生测看两人命相是否相合；算过之后，男方还需将自己的姓名与出生日期交予女方，让女方家再算一次。一些地区认为男女生肖"相冲"不宜结婚，其实并没有科学道理可言。

"相亲"是在顺利完成前面的流程后，男女两家约定时间见面，实地考察一下对方的家境以及人品。一般都是媒人带着女方家人去男方家看一看，考察媒人提亲时所说是否为真。这时候，男方家大多都要重新装饰一番，没有的东西要添置，添置不起的，还可以临时向别人家借一借，一定要给女方家留下好印象。

2. 订婚风俗

议婚流程结束后，如果男女双方都很满意这门婚事，那就可以开始准备订婚了。古时候订婚是要写婚约的，俗称"传帖子""传大启""换大帖"。

传递婚柬一般分为两次，第一次是"起柬"，是男方写婚柬向女方家求婚，女方家回柬表示同意；第二次是"礼柬"，也可以称为"龙凤帖"，是正式的婚约。

传递婚柬通常要选定吉日，双方还要邀请一些亲朋好友，摆下宴席，俗称"定亲饭"。在这一天，男方要给女方家人和女方送礼，礼品的样数一定要是双数，一些地方还要求礼物要"十全十美"，也就是凑足十件。

二、结婚风俗

结婚的风俗主要展现的是两家人对美满婚姻的祝福与期盼，虽然程序复杂，礼节较多，但对于新郎新娘来说，礼节越多、讲究越多，未来的婚姻生活就会越幸福，所以结婚该有的风俗是一个都不能省的。

我国古代及近代的结婚风俗，主要包括送日子、送嫁妆、布置新房、吃喜酒、迎亲、拜天地、入洞房、坐正席、闹新房和敬公婆这十个方面，这之中的很多风俗在现代婚礼中也依然存在。

1. 送嫁妆

送嫁妆又称"催妆"，指的是在临近婚期时（一般在迎亲前一天），男方家要向女方家送"催妆礼"，女方家则要往男方家送嫁妆。

不同地区"催妆"的风俗会有所不同，有些地区会送一些特产，比如棉花、面粉等，这些礼物都有一定的寓意，女方家通常会退回一部分礼物，这种举动也有一定的寓意。有些地区的催妆礼中必须包括两包糕、一只公鸡、一对鲤鱼、一块肉，女方家会将糕和肉留下，而将公鸡和鲤鱼退回去，俗称"公鸡两头跑，来年生小小""鲤鱼再回头，生儿跳龙门"。

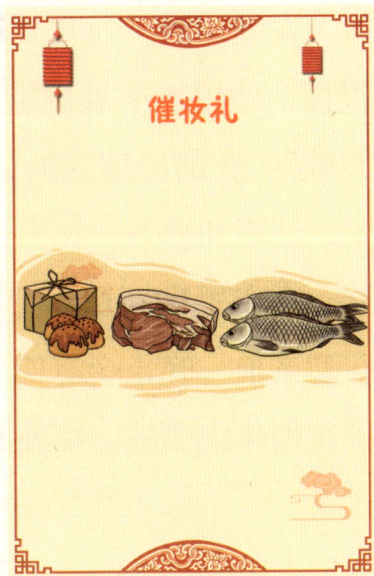

收了催妆礼后，女方家也要往男方家送嫁妆，根据女方家庭条件的不同，嫁妆的规格也会有所不同，富贵人家可能会拉一车嫁妆作为陪嫁，普通人家可能只会给女儿收拾一个包袱。

2. 布置新房

我国古代及近代人，在布置新房时，主要是在新房中贴一些各式各样的剪纸，放一些寓意美好的摆件。在诸多工作中，铺床是最为重要的一项。

铺床需要由特定的人来完成，有的地方是由父母妻儿都齐全的叔伯来铺，有的地方则由子女众多的妇女来铺。

在铺床时，通常要说一些吉利话，比如"这边扫，那边扫，姑娘小子满炕跑""这边推，那边推，小子姑娘一大堆"。在铺好床之后，铺床人还会在床上撒些莲子、花生、红枣和糖果，让兄弟姐妹多的孩子抢着吃。

在布置完新房后，我国有些地区有"压床"的讲究，在迎亲前一晚，会有四个男童在新房陪新郎，如果有小孩子在婚床上撒尿，那便寓意着新郎新娘能够在当年生出孩子来。

3. 迎亲

迎亲就是迎娶新娘，我国传统的迎亲方式主要有三种：一种是男方亲自去女方家迎娶新娘；一种是男方在家等着叔伯兄弟将新娘接回来；还有一种是女方家将女方送过来，有的直接送到男方家，有的会在男方家附近的房子里等候。一般来说，由男方亲自前去迎接是比较常见的迎亲方式。

古代迎亲一般用轿，新郎通常骑马随行。接亲的轿子是不能空着的，要么放一些花糕、喜馍，要么让一个小男孩坐在轿子里面，作为"压轿童子"。当花轿到新娘家后，一些地区是由新娘的亲兄弟或舅舅，将新娘背上花轿；一些地区则让新娘坐在椅子上，由家人抬上花轿。

在迎亲返程路上，一般不走来时走过的路，一些地区有"过桥必放铳，转弯必鸣锣，行走必奏乐"的风俗。在回程途中，新娘是不能下花轿的，有些地区还要求花轿不能落地。

当花轿来到新郎家后，一些地方会举行一些"驱邪仪式"，比如让小孩子拿着火把绕着轿子转三圈，或者是由新郎父亲将筛子扣在轿顶。实际上，这些举动更多是求一种心理安慰，而并没有更为实际的意义。

新娘在下轿时，脚是不能沾到地上的土的。有的地方会在新娘脚前铺席子、麻袋，让新娘踩着麻袋进入家门，有"传袋"（传宗接代）之意；有的地方会让新郎新娘牵着红绫，新郎在前，新娘在后，两人一同踩着红毡进门。现代婚礼中新郎背着或抱着新娘进门，倒是一种更为普遍的迎亲风俗。

三、婚后风俗

迎亲之后，新婚夫妇还需要经过拜天地、入洞房、坐正席、闹新房和敬公婆等仪式，才算是完成了成婚之礼。而在成婚之后，其实还有一项礼俗是从古代流传到了现代，那就是婚后新娘回娘家，也就是"回门"的风俗。

　　成婚之后，新娘第一次回娘家俗称"回门""回亲"，这也是新郎以女婿身份第一次进入到新娘娘家，是两个家族相互联合的一种风俗仪式。

　　大多数地区会在新郎新娘成婚第三天时"回门"，但也有一些地区会选择第六天、第七天、第九天等时间，关于这一点，主要还是看新婚夫妇自己的安排，并没有严格的规定。

　　在回门时，女方家通常会摆起宴席，席间，岳父岳母还可能会"考验"女婿一番。有些地区"考验"女婿的方法是啃骨头，新郎需要将连肉带筋的大骨头啃得干干净净才行，如果推让不吃，那会被嘲笑不是干大事的材料；如果吃得不干净，那就会被认为干事不利索。

　　席间无论如何嬉闹，新郎都是不能发火的，只要顺利通过了这番考验，新婚夫妇便算是完成了所有成婚礼俗。接下来，两个人只要相亲相爱地把日子过好便可以了。

四、中华传统丧葬风俗

中国人对于死亡这件事是非常重视的，虽知其不可避免，但古人还是尝试用各种方法来规避死亡，求仙拜佛、寻丹问药，在诸种方法都无效的情况下，人们只能接受死亡，而中华传统丧葬风俗便是人们接受死亡的一种方式。

不可抗拒的死亡让人恐惧，这是古人想要寻求长生不老的根源所在。当无法通过长生不老来摆脱死亡时，人们便将注意力转移到丧葬礼俗上，他们试图用这些风俗习惯去适应死亡、安慰后人。

用热闹的丧葬仪式来冲淡死亡的悲伤，成了古人应对死亡的唯一选择，千百年来，中华传统丧葬风俗不断丰富完善，形成了治丧、安葬、服丧等多个方面的丧葬风俗。即使到了现在，科学文化已经全面普及，中国人对死亡、对丧葬的重视却依然没有减轻。

一、治丧风俗

治丧风俗主要是从准备后事到出殡之间的各项风俗仪式，主要包括停丧、报丧、吊丧等诸多细目。不同地区在治丧时有不同的流程和习俗，下面简单挑选几项治丧风俗进行说明。

1. 准备后事

一些地区在老人进入老年后，会选择适当时间提前准备后事。这种做法看上去有些难以理解，但其实也算是情理之中的。

准备后事一般是提前准备寿衣、孝布、寿材等物品，寿衣是人死后穿的衣服，一般都用棉布制作；孝布是儿女亲友披麻戴孝所用布料；寿材即棺材，民间也将其称为"贺木"，在寿材做成当天，亲友要前来祝贺，古人认为这种方式可以为老人延年益寿。

丧葬用品

2. 停丧

人死后，要被安置在铺板上，旁边要摆上灵桌，放上供品、香炉，点上油灯、蜡烛，灯为"引魂灯""长明灯"，据说是给亡者在阴间指路所用，要一直点到出殡时才可熄灭。

一些地区在人死后还会挂门幡，根据死者的年龄准备相应数量的白纸，然后将其剪成三联，捆在棍下，末端垂下，挂在门旁，俗称"门幡""岁数纸"，一些地方用钱纸代替白纸，称其为"望山钱"。

3. 大殓

大殓又称"入棺""入木""落材"，有的地区在人死后三天入殓，有的地区则在七天或是更长时间后才入殓。

入殓时的棺木选择也是颇有讲究的，棺木的颜色多种多样，黑、紫、红、黄皆可选择。有的地方会根据死者死亡时的年龄来选择棺木颜色，一般超过五十岁的死者，会选用金色棺木，不超过五十岁的死者，则会选用红色棺木。

除了选定颜色外，棺木上的图案也是可以选择的。有的棺木上会写一些"音容宛在"之类的吉祥语句，有的棺木上会彩绘百寿图、四季图，或云纹莲台等图案。棺木之内则可以放一些旧衣服、棉花，或是铜钱、碎银。

4. 祭吊

亲友收到消息后，会携带挽联、纸钱前来吊唁。亲友在为死者上香祭拜时，死者家属则要行叩首礼，有的地方会行"四叩首礼"，有的地方则会行"三叩首礼"。

古时候，为超度亡魂，在治丧期间，还会请僧道念经，据说这种做法能够减轻死者的罪孽。有的地方有"讨寿饭"的风俗，当过世之人为七十岁以上的老人时，家属要以糯米和绿豆做寿饭，提供给别人。据说吃寿饭能够让人长寿，而吃寿饭的人越多，对逝者家属就越有好处，颇有些"积善行，得善报"的意味。

5. 送魂

送魂是治丧的最后环节，也被称为"送行"，有将亡魂送走之意。送魂之前还要举行"叫庙"仪式，人们认为停丧之时，死者的亡魂会停留在附近的庙中，因此需要以"叫庙"仪式将死者亡魂召回，然后再去送魂。

送魂多在半夜进行，死者家属会携带纸人纸马，前往出殡道路的路口处烧化。有的地区会将死者牌位插在纸马上，以表示死者是骑马离去的。

在送魂最后，是"闭殓"仪式，即把棺木用榫卯或铁钉固定严实。在闭殓时，死者家属要与死者遗体告别，祭拜死者，哭诉衷肠。

二、安葬风俗

安葬风俗主要是指处理尸体的风俗，有安葬方式、安葬时间、安葬地点等不同方面的风俗。

1. 造墓

古代有些帝王在登基之时，便开始为自己造陵墓，这类生前准备的陵墓通常是豪华而讲究的，而那些在人死之后打造的坟墓，则要相对简单一些。

人死之后造墓，多称为"打墓""打井"，通常由风水师选定地址，由家属雇人"开土"打墓。如果是与先前逝去的人合葬，那只需要在旧坟旁边新开一个墓穴即可，而不需要重新打墓。

2. 出殡

将灵柩送往墓穴的过程即为出殡，也可称"归山"。出殡要择吉日，通常选择清晨时分，不让棺材见到太阳便落土。

在出殡之前，死者家属通常会邀请仪仗队吹奏一番，或是请僧人道士念经超度，一番准备后，便开始进行"出灵"仪式，一般是由死者的长子背着棺木大头，其他人帮助一同将棺木移出灵棚。

在抬起棺木前，有的地区还有一些特定仪式，比如，将死者生前的药罐打碎，或是将死者生前用过的一个饭碗打碎。

出殡开始后，除了死者的亲友家属，出殡队伍中还会有仪仗队、乐队、引魂幡、纸扎，还要有人沿路抛撒纸钱，即"买路钱"。一些地区对出殡队伍的排位是比较重视的，一般是扛引魂幡的人走在最前面，撒纸钱的人紧随其后，再之后是拿着各种纸扎的人。

3. 下葬

下葬是将棺木放入墓穴，并埋土成坟的仪式，在棺木放入墓穴后，死者家属先象征性地向墓坑里面填一些土，再由其他人帮忙完成填土工作。待到坟包堆成后，家属需要将引魂幡插在坟前，并焚烧挽联、纸扎和花圈。

对于需要竖立石碑的，也要在填土之后竖立，有些地方会选择在下一个清明节时，为死者立碑。

一些地区在下葬时，还会请道士做法事，在将棺材放入墓穴时，会安置一些镇物，比如桃弓、柳箭、桑枝、棉花等，有时候死者家属还会向墓穴中扔一些"富贵钱""富贵馍"等物。

古人很重视下葬时的仪式，他们认为这些仪式既会影响死者是否安息，也会影响死者子孙后代的运势。

三、服丧风俗

相比于治丧和安葬，服丧的仪式少了许多。在安葬死者之后，古人还会进行一些礼俗活动，来告慰逝者的灵魂，很多时候，这些服丧礼俗可以帮助逝者家属由悲伤状态转向正常状态。

1. 复山（三）

在安葬后的第三天，逝者家属需要去坟地看一看，为坟墓加一些土，并再焚烧一些纸钱和纸扎，这项仪式被称为"复山（三）"，也可以称为"圆坟"。

2. 做七

在死者死后，每七天要祭奠一次，称为"做七"。第一个七天为"头七"，第三个七天为"散七"，第七个七天为"满七"，不同地区在"做七"时，会有不同的讲究。

我国广州地区在做"头七"时，会将神主牌奉入灵屋，而在"满七"时，会将灵屋焚毁，以表示死者亡魂离开人间、升入天堂。

我国山西地区在做"头七"时，会设灵座、供牌位，接受亲友吊唁；做"散七"时，死者子女需要拿着香火，去路口呼唤死者，引亡灵回家；做"满七"时，则会举行隆重祭奠，亲友都会来烧纸祭拜。

3. 百日祭

在死者死后第一百天时，一些地区还会举行"百日祭"，在这一天，死者家属会上坟烧纸，并脱去重孝服，改穿常孝服。

有些地区还会在死者死后一周年、三周年时，举行仪式，为死者烧纸祭奠，而后脱去孝服，古时候为逝者"守孝三年"便是如此。

在以上所有风俗礼仪完成之后，一个完整的丧葬礼俗流程便是完成了，此后死者家属只要按照常规礼制祭奠死者便可以了。